Jean-Paul Sartre

# Mai '68 und die Folgen

Reden, Interviews, Aufsätze

Deutsch von Dietrich Leube



Band 1

rororo

Rowohlt

*Die in diesem Band enthaltenen Reden, Interviews und Aufsätze sind dem 1972 bei Éditions Gallimard, Paris, erschienenen Band ‹Situations, VIII› entnommen. Das Gespräch «Massen, Spontaneität, Partei» übersetzte* HEINER STÜCK, *alle anderen Beiträge dieses Bandes wurden von* DIETRICH LEUBE *ins Deutsche übertragen.*
*Umschlagentwurf: Werner Rebhuhn*

DEUTSCHE ERSTAUSGABE

*Veröffentlicht im Rowohlt Taschenbuch Verlag GmbH, Reinbek bei Hamburg, Oktober 1974*

*Die deutsche Übersetzung des Gesprächs «Massen, Spontaneität, Partei» übernehmen wir mit freundlicher Genehmigung des Merve Verlags, Berlin, dem Heft Nr. 5 der Schriftenreihe «Internationale marxistische Diskussion».*
*Satz Aldus (Linotron 505 C)*
*Gesamtherstellung Clausen & Bosse, Leck/Schleswig*
*Printed in Germany*
*ISBN 3 499 11757 6*

## Inhalt

# Das Alibi

***Le Nouvel Observateur,*** 19. November 1964

Le Nouvel Observateur: *Die Presse verkündet es, Umfragen beweisen es, die Regierenden beglückwünschen sich dazu: Frankreich «entpolitisiert» sich. Die französische Jugend wendet sich angeblich nicht nur von den Parteien und den Ideologien ab, sondern von Ideen ganz allgemein. Es heißt, sie habe nur noch einen Gott, die Technik, und träume nur noch vom Wohlstand.*

Jean-Paul Sartre: Zunächst muß man sich darüber klar sein, wovon man spricht. Meint man Vierzigjährige, dann ist es eine komplexe Frage. Wenn man aber von jungen Leuten spricht, muß man differenzieren. Daß es eine gewisse Entpolitisierung gibt, steht außer Frage, aber man muß dazu sagen, auf welche Epoche sich der Vergleich bezieht. In den fünfzehn Jahren nach der Befreiung hat die politische Spannung in Frankreich praktisch nie nachgelassen. Da war einmal die Reaktion auf vier Jahre Besatzung und Kollaboration, dann die beiden Kolonialkriege, die wir geführt haben: in Indochina und in Algerien. Diese offenen Konflikte zwangen die Menschen zu einem politischen Bewußtsein. Seit zwei Jahren, das heißt, seit Algerien unabhängig geworden ist, gibt es keine nationale Krise mehr, die die Zukunft des Landes unmittelbar aufs Spiel setzen könnte, und man kann tatsächlich eine Entpolitisierung der Jugend feststellen.

Aber das stimmt nicht, wenn man die gegenwärtige Situation mit der der Vorkriegszeit vergleicht. Die meisten Jugendlichen, denen ich heute begegne, sind sich, auch wenn sie keiner politischen Partei angehören, der politischen Realitäten weit mehr bewußt, als es meine Generation war. Für uns war Politik etwas ganz anderes. Auf der einen Seite gab es Leute wie Simone de Beauvoir und mich zum Beispiel, die sich nur sehr von ferne dafür interessierten, und ohne viel davon zu verstehen; auf der anderen Seite waren die Leute mit Parteibuch – Kommunisten, die «Patriotische Jugend» oder die Royalisten –, und dann die braven Jungs, die Sozialdemokraten waren, weil ihre Väter es auch schon waren. Man gehörte Gruppen an, man diskutierte, doch kein Mensch – mit Ausnahme vielleicht der Kommunisten – hatte eine klare Vorstellung von den wirklichen politischen Problemen. Was man politisches Engagement nannte, war meist nur ein moralisches.

Sogar in der Presse ist ein Wandel festzustellen, ein beachtlicher Fortschritt. Die belanglosesten Wochenzeitschriften schneiden heute mehr konkrete Probleme an als früher. Erinnern Sie sich an die Affäre Violette Nozière, die ihren Vater umgebracht hatte. Heute könnte man die Tatsache, daß ihr Vater sie mißbraucht hatte, nicht mehr stillschweigend übergehen. Vor einigen Monaten hat das Regierungsfernsehen einem Psychiater gestattet, im Zusammenhang mit dem Fall der Schwestern Papin das Problem der sozialen Lage der Hausangestellten zu untersuchen.

Dasselbe findet man im politischen Bereich. Die Leute sind viel besser informiert als früher. Sogar die Regierungspresse liefert ihnen ein Minimum an Erklärungen zu den großen politischen oder wirtschaftlichen Fragen. Jeder weiß, wenigstens ungefähr, was zum Beispiel die EWG ist und was sie für die französische Wirtschaft bedeutet. Vor dem Krieg gab es so etwas nicht. In ökonomischen Fragen herrschte völlige Ignoranz. Noch Jahre nach 1918 wiederholten wir im Chor: «Deutschland muß bezahlen», ohne uns jemals zu fragen, ob es auch bezahlen konnte und ob unsere Forderungen nicht die Nazis begünstigte.

*1936, zur Zeit der Volksfront, wurden die Fragen aber doch gestellt.*

Kaum. An der Basis führten zwar die Forderungen nach Verbesserung der Lage der Arbeiter zu einem plötzlichen Erwachen des politischen Bewußtseins, das sich in einer stürmischen Volksbewegung äußerte. Aber diese wurde von den Funktionären gestoppt. Um den Mittelstand nicht zu verschrecken, wagte man nicht, das Problem als Problem des Klassenkampfes zu stellen. Die Führungsstäbe und die Presse haben das Ganze vertuscht. Einem Großteil der Jugend, die hier Gelegenheit hätte finden können, eine politische Lehre durchzumachen, erschien die Volksfront, da es an einer Analyse, an Informationen und an Losungen fehlte, wie ein schönes Abenteuer: Sie fanden die Forderungen der Massen «gerecht», aber sie erfaßten nicht deren Wurzeln in den Strukturen der französischen Gesellschaft.

*Man war vielleicht weniger informiert, dafür aber leichter zu begeistern. Man ging auf die Straße.*

Man ging oft aus emotionalen und moralischen Gründen auf die Straße. Im Fall Sacco und Vanzetti ging es mehr um den Tod zweier Unschuldiger, der als Skandal empfunden wurde, als um die politische Bedeutung ihrer Verurteilung, die vielen recht unklar war. Und trotzdem haben Zehntausende auf der Straße gegen ihre Hinrichtung demonstriert.

Gegen die Hinrichtung der Rosenbergs im Jahre 1952 protestierten in Frankreich weit weniger. Das stimmt. Aber die Leute, die sich für die Rosenbergs einsetzten, waren sich klarer über das, was sie verteidigten. Sie wollten nicht nur zwei Unschuldige retten. Sie wußten, daß Julius und Ethel Rosenberg Kommunisten waren und daß man sie deshalb zum Tode verurteilt hatte. Sie stellten die Urteilsbegründungen grundsätzlich in Frage. Die Proteste der Informierten waren nicht weniger leidenschaftlich, und die politische Bedeutung des Vorgangs wurde besser verstanden, selbst bei denen, die nicht auf die Straße gingen.

*Besser verstehen, sich aber weniger zum Handeln entschlossen zeigen: das ist gleichwohl eine Form der Entpolitisierung.*

Das ist richtig, aber man muß die Grenzen dieser Entpolitisierung sehen und darf sie nicht mit jener zunehmenden Entemotionalisierung verwechseln, die man heute überall feststellt. Die jungen Leute, denen ich begegne, sind vielleicht weniger hitzköpfig als früher, aber – und das überrascht mich am meisten – politisch sind sie schon da, wo ich heute stehe. Sie kommen nicht, um sich von mir belehren zu lassen, sondern um mit mir auf derselben Ebene zu diskutieren. Sie wissen genauso gut Bescheid wie ich über Probleme der Ökonomie oder der unterentwickelten Länder. Und sie haben ein ganzes Leben vor sich, um auf der Basis aufzubauen, auf der ich erst angelangt bin.

Nun informiert man sich niemals völlig passiv. Es bedarf einer gewissen Leidenschaft, alles zu lesen, wie sie es tun, und sich für die Probleme von Burundi oder Malaysia zu interessieren. Ich versichere Ihnen, als Zwanzigjähriger hätte ich mir niemals über das Geschehen in einem asiatischen Land Gedanken gemacht. Ich wäre nie darauf gekommen, daß dies uns alle angehen könnte. Es ist zwar nur eine Minderheit, die sich dafür interessiert, aber es sind nicht wenige. Unendlich viel mehr jedenfalls als vor dreißig Jahren. Bei den Studenten zum Beispiel stellt die UNEF einen Politisierungsherd dar. Ihr gehören nahezu 100 000 Studenten an, die wissen, daß alles voneinander abhängig ist, und daß auch das, was am anderen Ende der Welt geschieht, für ihr eigenes Leben von Bedeutung ist.

Wir hatten eine Entschuldigung: Die gegenseitige Abhängigkeit der historischen Gegebenheiten war zu unserer Zeit viel weniger manifest. Heute wissen wir, daß Krisenherde überall entstehen können und daß jeder einzelne – Zypern, Kuba oder der Kongo etc. – einen weltweiten Konflikt auslösen kann. So hat die seit dem letzten Krieg wirksam gewordene Verdichtung der weltweiten Zusammenhänge für uns alle notwendigerweise zu einer Vertiefung des politischen Bewußtseins geführt.

*Dieses Bewußtsein weltweiter Solidarität kann auch ein Gefühl der Ohnmacht hervorrufen. Wie kann man denn auf das Geschehen in China, in Rußland, in der Dritten Welt Einfluß nehmen?*

Das ist ja der Trick, und die Zeitungen setzen alles daran, daß wir darauf hereinfallen. Man erdrückt uns mit dem Gewicht von Weltereignissen, auf die wir keinen Einfluß haben. Man bringt die Jugendlichen so weit, daß sie sich sagen: «Nun gut, die Welt ist in zwei Blöcke geteilt und die Dritte Welt erwacht, aber von uns hängt es nicht ab, ob Chruschtschow abtritt oder bleibt, ob Johnson gewählt wird oder Goldwater. Wo ist hier unser Platz? Nirgends. Wir können nur aus der Ferne zuschauen.» Sobald man die Leute davon überzeugt, daß vom bloßen

Wissen keinerlei Wirkung ausgeht, wird es zum Surrogat für ein nicht mögliches Handeln. Ich kenne solche Leute. Sie tun rein gar nichts, aber sie informieren sich über alles mit großem Eifer. Sie sagen sich: «Ich weiß wenigstens, warum ich unter einer Atombombe krepieren werde!»

Darin liegt ein unbestreitbarer Entpolitisierungsfaktor. Aber Politik, was ist das denn? Für mich ist Politik nicht eine *Haltung*, die das Individuum je nach den Umständen annehmen oder aufgeben kann, sondern eine *Dimension* der Person. In unseren Gesellschaften wird man als politisches Wesen geboren, ob man nun Politik «macht» oder nicht. Es gibt kein individuelles oder familiales Leben, das nicht durch das soziale Ensemble bedingt wäre, von dem wir ein Teil sind, und infolgedessen kann und muß jeder Mensch – und wäre es auch nur, um sein Privatleben zu schützen – auf die Gruppen einwirken, die ihn prägen: Ob er sich nun vom Lauf der Dinge treiben läßt oder ob er ihm eine bestimmte Richtung zu geben versucht, in jedem Fall übt er eine Kollektivwirkung aus, die eine reale Ausweitung und eine Sozialisation seiner Persönlichkeit nach sich zieht. Nun wurde aber der Jugend das Gefühl, im Weltmaßstab agieren zu können, genommen, ohne daß man ihr erklärt, wie sie in ihrem eigenen Land handeln könne.

Das ist kein Zufall. Wer von der Jugend sagt, sie sei entpolitisiert, wünscht, daß sie es ist, und trägt dazu bei, daß sie es noch mehr wird. Die Tatsache, daß die jungen Leute sich weniger unmittelbar für den politischen Kampf interessieren, dient als *Alibi*, um sie noch mehr davon abzubringen.

Dafür gibt es zwei Möglichkeiten. Die erste fällt in den Bereich der Propaganda: Sie besteht darin, mit vorgetäuschter Betroffenheit unermüdlich das Bild einer ernüchterten, zynischen, politisch nutzlosen und ineffektiven Jugend vorzuführen. Schließlich glaubt der Jugendliche, in diesem vorgehaltenen Zerrspiegel sich selbst zu erkennen. Er sagt sich: «Wenn alle anderen so sind, bin ich gewiß auch so.» Das ist eine ausgesprochen geschickte Propaganda.

Die zweite Methode ist eine Verschleierung, die auf einem wirtschaftlichen Manöver beruht. Man versucht, mit der Jugend dasselbe zu machen, was in den Vereinigten Staaten mit den Frauen gemacht wird. Die Amerikaner haben gemerkt, daß die Hausfrau eine weit bessere Konsumentin ist als die berufstätige Frau. Es wird also eine Pressekampagne durchgeführt mit dem Ziel, die Frau wieder an den Herd zu bringen. Man beschwatzt die Hausfrau, sie sei «kreativ», um sie auf den Geschmack zu bringen, «ihr Heim mit Phantasie zu gestalten», das heißt, die gleichen Artikel zu kaufen wie ihre Nachbarin, um sich oder ihr Haus zu verschönern, wobei sie sich für originell hält.

In Frankreich versuchte man, mit Hilfe der Pop-Bewegung aus der Jugend eine Klasse von Konsumenten zu machen. Man nutzte den Umstand aus, daß die Heranwachsenden von ihren Eltern mehr Taschengeld als früher erhalten, stellte Produkte speziell für sie her – *Salut les copains, Chouchou,* Millionen von Schallplatten etc. – und machte ihnen vor, sie selbst seien die Hersteller. In Wirklichkeit wird das, was man der Jugend zu konsumieren gibt, sorgsam von der Regierung und den Vätern überwacht. Die Schlager beispielsweise. Ich denke da an: ‹*Nous danscerons jusqu'à minuit*› (‹Wir tanzen bis Mitternacht›) und ‹*Attends-moi, je n'ai pas l'âge*› (‹Wart auf mich, ich bin noch zu jung›). Warum bis Mitternacht? Warum nicht bis vier Uhr früh? Nicht die Heranwachsenden haben darüber entschieden: vielmehr dringt das väterliche Verbot bis in ihre schüchterne Liebe. Und wer bestimmt, daß die kleine Verliebte «noch zu jung» sei, wenn nicht die Mutter, die ihr verbietet, allein auszugehen? Warte auf mich: ich bin erst sechzehn. Wenn ich achtzehn bin, werden wir heiraten, und du wirst mir vier Kinder machen. Dieser brave Übermut ist die von Papa und Mama unter Kontrolle gehaltene Revolte der Jungen. Die Schlagersänger sind zwar «Teenager», aber ihre Freiheit wird überwacht.

Natürlich klappt das nicht immer: Die Jugend ist in Wirklichkeit viel emanzipierter. Am Ende entdeckt sie doch, daß ihre «Idole» sie zum Vorteil des Vaters verraten. Trotzdem läßt sich die Illusion aufrechterhalten, indem den Jugendlichen erlaubt wird, einige Stühle zu demolieren und in den Konzertsälen zu schreien. Sie haben das Gefühl, eine Revolution zu machen. In Wirklichkeit werden sie betrogen.

*Was auch immer die Wirkung dieser Verschleierung, der Propaganda oder einer tieferreichenden Enttäuschung sein mag, Tatsache ist, daß ein überwiegender Teil der heutigen Jugend kein Interesse am politischen Kampf zeigt. Ist eine Umkehrung der Entwicklung denkbar?*

Ich habe bereits gesagt, daß Politik eine permanente Dimension ist. Ich bin überzeugt, daß die Entpolitisierung eines Jugendlichen immer nur scheinbar ist. Sie zeugt höchstens von einem Mangel an Klarblick. Der Jugendliche kommt in eine alte Gesellschaft, in der die Plätze schon besetzt sind, und seine Ausgangssituation ist notwendigerweise schlecht. Lassen Sie mich an das Wort meines Freundes Nizan erinnern: «Ich war zwanzig. Niemand soll sagen, das sei die schönste Zeit des Lebens.»* Dieses Gefühl gibt es unter jedem Regime. Es ist etwas, was der junge Mensch immer spürt, weil Jugend Kampf ist. Wie reagiert er darauf? Früher ging er zur Linken, wenn Papa ihm auf die Nerven fiel. Das war bequem und romantisch. Aber die Linke hat ihren Reiz verloren. Da auch die Rechte nicht besonders attraktiv ist, wird der junge Mensch schließlich zynisch. Er kann anfangen, Schaufenster einzuwerfen und mit Fahrradketten um sich zu schlagen. Auch wenn er es nicht weiß: das ist eine politische Handlung. Sie will sagen: «Ich möchte diese Gesellschaft, die mir meinen Platz vorenthält, zerschlagen, ich möchte ein Mensch sein.»

* Siehe Paul Nizan: ‹*Aden. Die Wachhunde*›. Rowohlt Verlag. Reinbek 1969.

Er kann sich auch in die Familie flüchten und sagen: «Was mich interessiert, ist, eine Familie gründen und einen anständigen Beruf haben.»

Diese Entpolitisierung bedeutet nicht, daß der Jugendliche um seine politischen Forderungen gebracht worden ist, sondern daß es gelungen ist, sie für ihn unkenntlich zu machen. In diesem Sinne bleibt die Jugend eine potentielle politische Kraft, und man muß ihr dabei zu helfen versuchen, sich über ihre Forderungen klarzuwerden. Es geht nicht darum, den jungen Leuten zu sagen: «Entpolitisiert sein ist sehr schlecht», sondern: «Ihr seid trotz allem politisch. Euer gegenwärtiges *politisches Verhalten* ist im Grunde unpolitisch, bedeutet einen Rückzug, der einer Minderheit von ‹Erwachsenen› die Möglichkeit gibt, die Politik zu machen, die ihnen gefällt, die ihr aber nicht wollt. Für euch dreht es sich nicht darum, ‹in die Arena zu treten› – dort seid ihr in jedem Falle –, sondern ihr müßt sagen und tun, was ihr *in Wirklichkeit* wollt.»

Die Entpolitisierung ist demnach keine gegebene Tatsache; sie ist das Ergebnis eines Kampfes von Staat, Großindustrie und Handel mit Hilfe ihrer Propaganda- und Vertriebsapparate. Und die Linke muß heute die Gegenoffensive organisieren.

*Das wird durch den sogenannten «Tod der Ideologien» erschwert, der der Linken einen ihrer wichtigsten Einheitsfaktoren nimmt. Die dogmatischen Abweichungen, die wir erlebt haben, haben sogar dem Wort «Ideologie» in den Augen vieler einen pejorativen Sinn gegeben.*

Sie können nur die marxistische Ideologie meinen. Ich kenne heute keine andere: Die bürgerliche Ideologie glänzt nicht durch Geschlossenheit, sondern durch Abwesenheit. Selbstverständlich haben die anthropologischen Disziplinen, in den Vereinigten Staaten so gut wie in Europa, ihre Methoden verfeinert und sind zu wichtigen Erkenntnissen gelangt. Doch was ist eine *Ideologie*? Eine Ideologie ist ein synthetisches Denken, das die sozialen Gegebenheiten in unserem Kopf entstehen lassen und das sich wiederum auf diese rückbezieht, um sie in einer mehr oder minder strengen Einheit einer geschlossenen Weltsicht zusammenzubringen. Manche behaupten heute, daß sie den marxistischen Dogmatismus satt haben, oder sie wollen uns weismachen, der Marxismus sei überholt, man habe längst das Beste von ihm übernommen und seine Irrtümer fallenlassen. Das ist eine Geisteshaltung; sie ist nicht mehr wert als alle anderen Haltungen auch. Che Guevara sagte mir einmal: «Ich bin nicht schuld daran, daß die Wirklichkeit marxistisch ist.» Er wollte damit sagen, daß man den Marxismus – und die Erklärung der Geschichte durch den Klassenkampf – nicht überwinden wird, solange man die sozio-ökonomischen Strukturen nicht zerstört, die eben diesen Kampf erzeugen und die Ideologie hervorgebracht haben, die dem Rechnung trägt.

*Wenn viele nicht mehr an den Wert des Marxismus glauben, dann vielleicht deshalb, weil er lange Zeit seine Inkarnation im sowjetischen Experiment gefunden zu haben schien. Die Schwierigkeiten und die*

*Mißerfolge dieses Experiments haben zwangsläufig auf den Marxismus selbst zurückgeschlagen.*

Die Leute haben nicht verstanden, was es heißt, wenn man von Inkarnation spricht. Es gab jedoch eine Zeit, in der man es wußte, wenn man sagte: «Wie schön war doch die Republik im Kaiserreich!» Der Sozialismus kann nur *in der Idee* rein sein, oder vielleicht sehr viel später, wenn er zur herrschenden Ordnung aller Gesellschaften wird. Bis dahin impliziert seine *Inkarnation* in einem bestimmten Land, daß er sich über unendlich viele Bezüge mit der übrigen Welt herausbildet und seine besondere Gestalt gewinnt. Wenn also die Realität sich wandelt, verliert auch die Idee ihre Reinheit. Diesen Gedanken erläutert ein ganz einfacher Satz eines Malinesen: «Um die Schwierigkeiten des sozialistischen Mali zu beurteilen, muß man bedenken, daß es sozio-ökonomische Beziehungen zu afrikanischen Ländern mit ganz anderen Verhältnissen und Regierungsformen unterhalten muß. Unser Sozialismus wird dadurch bestimmt, daß wir ein Binnenland ohne Zugang zum Meer sind.» Bereits da beginnen die Schwierigkeiten; will man sie abwenden, so riskiert man, daß die Bewegung aus dem Gleis gerät oder erstarrt. Das sind reale Gefahren, aber sie bestimmen nicht den Charakter des Regimes: Sie bezeichnen einfach das, wogegen gekämpft werden muß, welche Zugeständnisse vorläufig möglich, welche ein für allemal unmöglich sind.

Der Marxismus als kritische und dialektische Methode ist das richtige Werkzeug, das der Bewegung erlaubt, ihr Selbstverständnis zu finden und sich zu kontrollieren. Leider geschieht – wenn der Marxismus zur offiziellen Ideologie wird – nur allzu oft dasselbe wie mit manchen Kindern von Freud, deren Erinnerungen ich gelesen habe. Wenn man sie liest, könnte man meinen, daß das Verhalten ihres Vaters nie selbst Gegenstand der Psychoanalyse gewesen sei. Auf ihn die analytische Methode anzuwenden, schien ihnen nicht denkbar: Schließlich hatte er sie entdeckt.

Aus demselben Grund wurde innerhalb der sowjetischen Partei keine marxistische Theorie des Stalinismus entwickelt. Man begegnet bisweilen einzelnen Sowjetbürgern, die einem sehr interessante Dinge darüber erzählen, wie sie, psychologisch gesehen, die Stalin-Zeit erlebt haben. Westliche Parteien – etwa die italienische KP – haben eine Interpretation des Stalinismus versucht. Aber in den östlichen Ländern wurde noch nichts dergleichen in Angriff genommen: Man könnte meinen, der Marxismus habe mit der Vergesellschaftung der Produktionsmittel seinen theoretischen und praktischen Wert eingebüßt.

Damit leistet man dem Opportunismus Vorschub, zu dem man zwangsläufig neigt, wenn man sich – aus Furcht vor dem Revisionismus – zu einem starren Dogmatismus bekennt. Das führt dann dazu, daß auf gut Glück pragmatisch nach Lösungen gesucht wird innerhalb einer Gesellschaft, die nicht über sich nachdenkt. Das ist die Gefahr. Ich glaube, daß man sich in der Sowjetunion dessen heute bewußt ist.

*Es setzt sich immer mehr der Gedanke durch, daß die Probleme – und damit auch ihre Lösungen – in allen Industriegesellschaften, und zwar in sozialistischen wie kapitalistischen, letztlich dieselben sind.*

Um hier zustimmen zu können, müßte man nachweisen, daß es in den sozialistischen Ländern einen Klassenkampf gibt und daß die einigen Gruppen zugestandenen Privilegien zur Bildung privilegierter Schichten geführt hat. Das ist nicht der Fall: Es bestehen zwar sehr reale Ungleichheiten, aber der Verdienst eines Fabrikdirektors in der UdSSR kann nirgends investiert werden: Dieses Geld wird *ausgegeben* und kann sich in seiner Hand nicht ergänzen oder vermehren, um die Basis für eine Klassenherrschaft zu bilden.

Man stößt in der Sowjetunion auf Unverständnis, wenn man den Eindruck erweckt, man glaube, daß Geld bei ihnen Macht verleiht. «Die Macht», sagen sie ohne jede propagandistische Absicht, «liegt nicht bei den Reichen, sondern bei den ‹hochgestellten Funktionären›.» Und zweifellos haben diese ‹hochgestellten Funktionäre› zahlreiche Privilegien; je autoritärer ein Regime ist, desto größer ist die soziale Mobilität, desto mehr gibt es Umschichtungen, Entmachtungen, einen steten Luftsog, der die Nachrückenden von der Basis zur Spitze treibt. Wenn es in der UdSSR Konflikte geben sollte, würden sie *reformistischen*, nicht revolutionären Charakter haben. Es gäbe keine Klasse zu entmachten, sondern es könnten nur Reformen gefordert werden, was etwas ganz anderes ist.

*Wie könnte heute der revolutionäre Kampf in einem Land wie Frankreich aussehen?*

Es gibt immer noch Leute, die fürchten, die Kommunisten könnten gewaltsam die Macht übernehmen. Sie können beruhigt sein: Soweit wird es nicht kommen. Der Kampf ist im Begriff, seinen Charakter zu verändern. Zunächst einmal, weil das revolutionäre Ferment des «Bedürfnisses» – eine ökonomische Klasse wird durch das Elend, in dem sie lebt, zur Revolte getrieben – nicht mehr dieselbe Rolle spielt wie früher. Die Franzosen werden nicht mehr für Brot auf die Straße gehen, denn Brot haben sie.

Das heißt nicht, daß bereits Überfluß vorhanden wäre, wie uns die offizielle Propaganda einreden will. Die Hälfte der Franzosen lebt nach wie vor – vergessen wir das nicht – nur knapp über dem Existenzminimum, und weil manche sich einen Gebrauchtwagen kaufen, kann man sie noch nicht als wohlhabend bezeichnen. Das war in Kuba vor der Revolution dasselbe: Die Leute hatten zwar nichts zu essen, aber sie zwängten sich dutzendweise in amerikanische Autos. Es ist für ein Regime stets einfacher, Autos an die Armen zu verkaufen, als ihren Lebensstandard zu erhöhen, ihnen Arbeit, Schulen, Wohnungen zu geben.

In Frankreich hat indessen die schlimmste Not nachgelassen, und man könnte annehmen, das habe eine Entpolitisierung der Arbeiter bewirkt.

Das Gegenteil ist der Fall; der Kampf gewinnt inzwischen eine neue Dimension, er wird wahrer und menschlicher, weil man sich heute für eine echte Kontrolle des Betriebs durch seine Arbeiter einsetzt. Man kämpft nicht mehr nur für Lohnerhöhungen, sondern für die Arbeitermacht in den Betrieben. Dieser Kampf wird nur dann revolutionär sein, wenn die Forderungen in Ziele einmünden, denen die Bourgeoisie nicht nachgeben kann, ohne sich selbst aufzugeben.

Die bürgerliche Macht ist bereit, sich bis zu einem gewissen Grade «anzupassen» – wie unsere Regierungen sagen –, das heißt den Forderungen der Arbeiter in einigen Punkten nachzukommen, solange sie die Kosten dafür aufbringen kann, ohne ihre Gewinnspanne spürbar zu schmälern, und solange die Grundstrukturen der kapitalistischen Produktion nicht betroffen sind. Als Gegenleistung wird die Eingliederung der Gewerkschaften in das System verlangt. Wenn die Arbeiter diesen reformistischen Kompromiß ablehnen, wenn sie mit ihren Forderungen bis zum Äußersten gehen, indem sie jedes Zugeständnis dazu benutzen, mit dem Ziel einer totalen Kontrolle der Produktion ein weiteres zu erfechten, dann führen sie den Kampf als Klassenkampf, sie gehen zum Angriff über; die Bourgeoisie wird dann wohl begreifen, daß man von ihr nicht *Anpassung* verlangt, sondern *Abdankung*.

*Viele stimmen heute dem Gedanken zu, die Macht müsse personalisiert werden, man müsse im politischen Kampf zwei Männer einander gegenüberstellen.*

Machen wir uns nichts vor: Das hieße, Defferre de Gaulle gegenüberzustellen. Das ist absurd. De Gaulle ist ein Mythos, Defferre ist ein Mensch. Der erstere hat Prestige, der andere keines. Niemand kann Defferre zum Vorwurf machen, daß er kein Prestige hat. Das ist auch nicht wichtig. Das bedeutet einfach, daß er gegen de Gaulle nur als Verkörperung einer bestimmten Politik und eines Programms antreten könnte – doch gerade das tut er nicht.

Hier könnte eine linke Presse eine wichtige Funktion übernehmen. Einer der Hauptfaktoren der Entpolitisierung ist das Gefühl der Ohnmacht und der Isolierung. Es gibt in Frankreich Hunderttausende von Menschen, vor allem in der Provinz, die sich verloren vorkommen, weil sie in ihrem Umkreis kein Echo auf ihre Revolte gegen das Regime finden. Gerade bei ihnen müßte Gruppenbildung gefördert werden, ihnen müßte man mit Erklärungen und Argumenten helfen, die sie allein nicht immer finden. Man muß den Leuten das Gefühl vermitteln, daß Aktion möglich ist, ihnen begreiflich machen, daß sie in ihrem Bereich, in ihrer Stadt gegen das System der Verteilung, gegen die willkürlichen Preissteigerungen, gegen die Vergiftung durch die offizielle Propaganda etc. kämpfen können. Wichtig ist nicht, daß man ihnen eine Ideologie aufdrängt, sondern daß sie mobilisiert werden.

Das erreicht man nicht dadurch, daß man sich damit begnügt, sie zu «informieren». Die größte Gefahr ist der Objektivismus. Wer ein Problem untersucht, ohne die Richtung einer möglichen Lösung anzugeben, treibt die Entpolitisierung noch weiter voran. Die Information muß den Weg zur Aktion weisen. Früher nannte sich die Linke «Partei der Bewegung» und nicht «Partei der Analyse».

Man darf zwar nicht in Manichäismus verfallen, muß aber von kompromißloser Unbeirrbarkeit sein. Letztlich muß jede linke Position, da sie sich im Gegensatz zu allem befindet, was der Gesamtgesellschaft eingetrichtert wird, «Skandal» erregen. Das heißt natürlich nicht, daß man den Skandal unbedingt heraufbeschwören muß – das wäre absurd und wirkungslos –, aber man darf ihn auch nicht scheuen: Ist die Position, die man einnimmt, richtig, darf der Skandal nicht ausbleiben, gewissermaßen als Indiz, als natürliche Bestätigung einer linken Haltung.

Das Traurige ist nur, daß viele Linke von einer Anerkennung durch die Rechte träumen. Sie fühlen sich erst dann wirklich bestätigt, wenn ein Rechter zu ihnen sagt: «Nun gut, Sie stehen links, doch ansonsten sind Sie ganz in Ordnung!» Man ist beispielsweise Sozialist, aber auch Patriot. Auf diese Weise fühlt man sich wirklich universal. So entsteht eine Linke, die die Positionen der Rechten zu «begreifen» sucht in der Hoffnung, daß diese umgekehrt genauso verfährt. Meiner Meinung nach ist das ein Selbstbetrug.

Ich selber mache mir den Vorwurf, daß ich in meinen Artikeln de Gaulle gegenüber viel zu rücksichtsvoll war. Man hätte nicht Rücksicht darauf nehmen dürfen, daß er von zahlreichen Franzosen geachtet wurde, und hätte dieser Achtung keinen Respekt erweisen dürfen. Man hätte ihn offen als eine schädliche Figur angreifen müssen.

*Ist es nicht die Aufgabe des Journalisten, den Leser dort anzusprechen, wo er ansprechbar ist, um ihm verständlich zu machen, was man ihm erklären will?*

Ich glaube, wenn man das allzu sehr versucht, bringt man ihn nicht weiter. Daran scheint der gegenwärtigen Presse, die ihm nach dem Munde redet, zu liegen.

Und trotzdem kann man politisches Bewußtsein bei Menschen wekken, einerlei, durch welches Ereignis, wenn man es nur in seinem Zusammenhang darstellt. Die alltäglichen Ereignisse können gründlich interpretiert werden. Die Analyse einer beliebigen Lokalnachricht beispielsweise kann über das Wesen einer Gesellschaft mehr verraten als der Kommentar zu einem Regierungswechsel.

Linke reagieren häufig auf alles, was mit Sexualität und Verbrechen zu tun hat, unwillkürlich mit Prüderie und Verlegenheit. Man überläßt der Rechtspresse die Ausbeutung von «Sex and Crime». Das ist falsch. Man darf einen bestimmten Typus von Information nicht unter dem Vorwand ausklammern, andere bedienten sich seiner auf abstoßende Weise. Man muß eine Möglichkeit finden, sich ihrer richtig zu bedienen, das heißt

«Lokalnachrichten» zum Ausgangspunkt einer soziologischen Analyse der Gesellschaft zu machen.

*Die Reaktionen der Presse auf ihre Ablehnung des Nobelpreises waren sehr unterschiedlich. Waren sie darüber erstaunt?*

Einige haben mich amüsiert, weil die Motive, die man mir unterstellte, unglaublich waren. Warum habe ich diesen Preis abgelehnt? Weil ich finde, daß er seit einigen Jahren eine politische Färbung hat. Wenn ich den Nobelpreis angenommen und selbst wenn ich dann in Stockholm eine unverschämte Rede gehalten hätte – was absurd gewesen wäre –, dann hätte ich mich damit vereinnahmen lassen. Wäre ich Mitglied einer Partei, beispielsweise der kommunistischen, wäre die Situation ganz anders. Dann wäre der Preis indirekt meiner Partei zuerkannt worden; ihr jedenfalls hätte er nützen können. Eine Einzelperson, selbst wenn sie «extremistische» Ansichten vertritt, wird zwangsläufig durch eine solche Auszeichnung vereinnahmt. Damit sagt man: «Letztlich gehört er doch zu uns.» Und das konnte ich nicht akzeptieren.

Die meisten Zeitungen haben mir persönliche Gründe unterstellt: Ich sei darüber verärgert gewesen, daß Camus ihn vor mir bekommen habe. Ich hätte befürchtet, Simone de Beauvoir würde neidisch sein. Oder noch besser: ich sei ein Säulenheiliger, der alle Ehrungen von sich weise. Meine Antwort ist sehr einfach: Wenn wir eine Volksfrontregierung hätten – was ich begrüßen würde – und sie mich mit einem Preis geehrt hätte, hätte ich ihn mit Freuden angenommen. Ich bin keinesfalls der Meinung, daß Schriftsteller sich als Einzelkämpfer betätigen sollen, im Gegenteil. Aber sie müssen darauf achtgeben, daß sie nicht in schlechte Gesellschaft geraten.

Was mich am meisten getroffen hat bei dieser Geschichte, das waren die Briefe der Armen. Für mich sind die Armen Leute, die kein Geld haben, die sich aber so weit haben täuschen lassen, daß sie die Welt so hinnehmen, wie sie ist. Diese Menschen sind Legion. Sie haben mir herzzerreißende Briefe geschrieben. In allen steht: «Geben Sie doch mir das Geld, das Sie nicht haben wollen.»

Das Anstößige ist ja im Grunde die Tatsache, daß dieses Geld nicht ausgegeben wurde. Wenn Mauriac in seinen Notizen schreibt: «Ich habe es dafür verwendet, mein Badezimmer und die Umfriedung meines Parks instand setzen zu lassen», so ist er ein Schelm: Er weiß, daß er keinerlei Anstoß damit erregen wird. Wenn er das Geld verteilt hätte, dann hätte das die Leute schon etwas mehr schockiert. Es jedoch abzulehnen ist unverzeihlich. Ein Amerikaner schrieb: «Wenn man mir hundert Dollar gibt, und ich weise sie zurück, so bin ich kein Mensch.»

Und dann gibt es auch noch die Vorstellung, ein Schriftsteller verdiene dieses Geld nicht. Der Schriftsteller ist eine verdächtige Figur. Er arbeitet nicht, er verdient Geld und kann sogar, wenn er will, vom schwedischen König empfangen werden. Das allein ist schon ein Skandal. Und wenn er dann das Geld, das er gar nicht verdient, auch noch ablehnt, so ist das der Gipfel. Man hält es für normal, daß ein Bankier Geld hat und es nicht hergibt. Aber daß es ein Schriftsteller zurückweist, das geht zu weit.

All das gehört in die Welt des Geldes, und Beziehungen zum Geld sind immer falsch. Ich lehne zweihundertsechzigtausend Franc ab, und man macht mir das zum Vorwurf; gleichzeitig aber erklärt man mir, daß meine Bücher besser gehen werden, weil sich die Leute fragen: «Was ist das bloß für ein komischer Kauz, der auf eine solche Summe pfeift?» Meine Handlungsweise bringt mir also Geld ein. Das ist absurd, aber ich kann nichts dafür.

Das Paradoxe daran ist, daß ich mit der Ablehnung des Preises nichts getan habe. Hätte ich ihn angenommen, dann hätte ich etwas getan: ich hätte mich vom System vereinnahmen lassen.

# «Lassen wir uns nicht erpressen»

***Le Nouvel Observateur,*** 17. Juni 1965

Le Nouvel Observateur: *Eineinhalb Jahre lang – seit dem Start der Operation «Monsieur X» – konnte man sich fragen, ob es Gaston Defferre gelingen würde, sich als Kandidat der Sozialdemokratischen Partei für die Präsidentschaftswahlen durchzusetzen oder nicht. Die Sache ist jetzt nicht nur perfekt; darüber hinaus empfiehlt sich Defferre auch noch als Kandidat einer «Föderation» aus der SFIO, dem MRP, den «Radikalen» und allen nichtkommunistischen oder -zentristischen Gruppen, die sich anzuschließen bereit wären. Und die Anhänger Defferres sagen: «Dieses Mal verlassen wir die Wüste. Wir träumen nicht länger von einer Machtübernahme, wir bereiten sie vor. Wir haben eine echte Chance, genügend Leute zusammenzubringen, um die Mehrheit zu erlangen und um die Staatsmaschinerie in die Hand zu bekommen – vorausgesetzt, die Kommunistische Partei oder wenigstens ein Großteil der kommunistischen Wähler sehen sich gezwungen, uns zu folgen. Sobald dies geschehen ist, werden wir unser Programm, ein Programm der Linken, in die Tat umsetzen können. Unsere Lösung ist die einzig effiziente. Wer die Föderation zurückweist, verurteilt sich dazu, auf ewig in einer Minderheitenopposition zu verharren, also ewig machtlos zu bleiben.» Was halten Sie von dieser These?*

Jean-Paul Sartre: Daß man damit auf ein typisch gaullistisches Erpressungsmanöver hereinfällt. Bis jetzt sagte man uns immer: «Wählt de Gaulle, denn ihr habt keine wirkliche Alternative.» Heute fällt man innerhalb der Linken auf dieselbe Erpressung herein: «Wählt Defferre, denn das ist die einzige Möglichkeit, ‹effizient› zu wählen.»

Ich frage nur: «Effizient im Hinblick worauf?» Ein Programm ist nur so viel wert wie die Kräfte, die es unterstützen. Wenn Defferre eines Tages an die Macht kommt (1965 gewiß nicht, er hat absolut keine Chance, aber nach de Gaulle, oder bei den Wahlen 1972), wird er die Politik derjenigen betreiben, die ihn gewählt haben. Wer wird das sein? Das kann man herausfinden, wenn man sich ansieht, wo Defferre heute seine Wähler sucht. Daß dies nicht auf der Linken ist, beweist recht anschaulich das Beispiel der Marseiller Kommunalwahlen im vergangenen Februar. Marseille ist zwar eine solide Bastion der Sozialdemokraten, doch gibt es in den Arbeitervierteln achtzig Prozent kommunistische Wähler. Alle Voraussetzungen für das, was man angeblich verwirklichen wollte – also einen linken «Mehrheitsblock» –, waren dort gegeben.

waren dort gegeben. Nichts hinderte Defferre daran, auf diese Farbe zu setzen. Er hat es jedoch vorgezogen, die Stimmen, die er zusätzlich von der Rechten brauchte, bei den Unabhängigen und bei der UNR zu suchen.

Die Bündnisse, die er in Marseille geschlossen hat, reichten zwar weiter nach rechts als die, die er uns nun mit der «Föderation» vorschlägt, aber das ändert nichts daran, daß das Unternehmen Defferre insgesamt gegen die Kommunisten gerichtet ist. Das Ziel besteht 1965 nicht darin, de Gaulle zu schlagen (darauf hat man verzichtet), sondern die Kommunisten zu überrunden. Man könnte ihnen dann eröffnen: «Wie ihr seht, gibt es euch nicht mehr, oder zumindest seid ihr eine Minderheit innerhalb der Linken geworden. Es bleibt euch nichts anderes übrig, als euch uns anzuschließen.» Wenn die KP-Führung es ablehnen würde, sich zu fügen, so könnte man dennoch hoffen, die kommunistischen Wähler würden der Effizienz wegen in Scharen der «Föderation» zuströmen. Das nennen sie die Kommunistische Partei «aufbrechen» und sie ins politische Leben «reintegrieren».

Das bleibt ein Wunschtraum. Die Kommunistische Partei – die eine Klassenpartei geblieben ist – wird sich niemals einem Bündnis der Mitte anschließen, dessen Programm in keinem Punkt ihren Zielen entspricht. Im Gegenteil: Sie wird sich eher verhärten und ihre Mitglieder verstärkt ihrer zentralistischen Autorität unterwerfen.

Jede Politik, die die Kommunistische Partei ausschließt und ihr die Wähler – sogar ihre festen Mitglieder – abspenstig machen oder sie zu einer Hilfstruppe reduzieren will, wird zwangsläufig bei der Rechten Unterstützung suchen und die Politik des dritten Weges unter anderem Namen wiederaufleben lassen.

*Die Anhänger Defferres werden Ihnen entgegnen: «Wenn die KP in der Opposition gegen die ‹Föderation› erstarrt, wird sie das Spiel de Gaulles spielen. Das werden Sie doch sicher nicht wollen?»*

Meiner Meinung nach haben die Kommunisten recht, und ich sehe keinen Grund, warum man ihnen nicht beipflichten sollte. Ich glaube in der Tat, daß mit de Gaulle die Karten auf dem Tisch liegen. Wir wissen, welche wirtschaftlichen Interessen hinter ihm stehen, wir kennen seine Politik; und wir wissen, daß es mit allen Mitteln dagegen anzukämpfen gilt. Der Feind präsentiert sich ganz unverhüllt. Er redet nicht von einer «Politik des Fortschritts», sondern von einem «Stabilisierungsplan». Und wir wissen genau, auf wessen Kosten die Stabilisierungspolitik geht.

Mit Defferre betreten wir eine Welt der Masken, der verfänglichen Worte. Man kündigt uns beispielsweise eine Politik des «Wachstums ohne Inflation» an. Was heißt das? Im gegenwärtigen System – und seine Veränderung steht im «Plan» Defferres nicht zur Diskussion – mit seinen Kapitalbewegungen, die wir kennen, mit fortschreitenden amerikanischen Investitionen, mit unserer negativen Handelsbilanz und unserem technologischen Rückstand bedeutet Wachstum notwendigerweise eine bestimmte Inflationsrate.

*Für Defferre ist Wachstum ohne Inflation offenbar möglich im Rahmen eines «Nationalen Fortschrittsvertrags», der eine «Einkommenspolitik» und eine von allen Wirtschaftszweigen akzeptierte Disziplin vorsieht.*

Nicht eine «akzeptierte», um genau zu sein, eine aufgezwungene. Der Vertrag, den man uns offeriert, ist genau in diesem Punkt kein Vertrag, denn die vertragschließenden Parteien sind nicht gleichgewichtig. Auf der einen Seite stehen dann die Mittelschichten und das «entwickelte» Unternehmertum, die an der Macht sind, auf der anderen die Massen, die man auffordern wird, den Nationalvertrag im Namen einer «Realpolitik» zu ratifizieren.

Man muß diesen Begriff «Realpolitik», der dem ganzen Vorhaben Defferres zugrunde liegt, genau untersuchen. Hier dreht es sich um einen Sophismus, der so alt ist wie die Welt. In Wirklichkeit tauft man eine erzpessimistische Grundhaltung in Realpolitik um, und um den Mechanismus in Gang zu setzen – gleich welchen Typs auch immer, und sei es ein philosophischer Mechanismus –, stülpt man dem Pessimismus einen inhaltslosen Optimismus über. Auf dem Gebiet der Philosophie hat das David Hume getan: Er ist von einem Erkenntnispessimismus ausgegangen und war, um das Denken und die Wissenschaft mit einzubeziehen, gezwungen, einen Naturoptimismus einzuführen, das heißt «natürliche Konstanten», die bestimmte Verbindungen begünstigen.

Das gleiche gilt für die Anhänger Defferres. Man geht aus vom totalen Pessimismus: «Wir müssen realistisch sein: Die Linke ist erledigt. Schwenken wir eben nach rechts. Denn man muß etwas tun, einerlei was. Bilden wir also eine große Partei ohne fundierte Einheit, eine Partei jedoch, die versuchen wird, sich eine solche zu zimmern. Diese Partei wird zentristisch sein (d. h. rechtslastig, denn das Zentrum muß, wenn es regieren will, Bündnispartner bei der Rechten suchen). Und sie wird ‹dynamisch› sein. Hier muß nun, damit das System funktioniert, der Optimismus neu eingebracht werden: Da die Linke gestorben ist, wird man die klassenlose Welt verwirklichen. Alle qualifizierten Menschen werden sich, ungeachtet ihrer sozialen Herkunft, zusammenschließen und in ihrem Kreis den Fortschritt eines Wachstums ohne Inflation beschließen. Es wird keinen Kampf mehr geben. Ist das nicht im Sinne aller?»

Das Ärgerliche ist bloß: Es wird gekämpft. Man kann mit Worten darüber hinwegtäuschen, doch man kann den Kampf nicht aus der Welt schaffen. Und was die Linke kennzeichnet, ist gerade die Anerkennung der Existenz von Interessenkonflikten, die sich innerhalb einer Nation nur als permanenter Klassenkampf niederschlagen lassen. Man kann über die Struktur dieser Klassen diskutieren. Vielleicht müßte man sie neu definieren, zeigen, daß der Charakter des Kampfes nicht mehr ganz derselbe ist, daß die Kampfbereitschaft unter den kleinen Angestellten bisweilen größer ist als bei bestimmten Facharbeitern. Das alles wäre zu untersuchen. Fest steht, daß es einen permanenten Kampf gibt und daß die Konflikte zwischen Lohnarbeitern und Unternehmern nur durch einen Waffenstillstand beendet werden können. Ist dieser Waffenstillstand unterzeichnet – mit Vorteilen für die einen oder die anderen –, geht der Krieg weiter.

In der Perspektive der Technokraten, die hinter Defferre stehen, gibt es diesen Kampf nicht. Alle arbeiten zusammen. Folgt man den Broschüren des Clubs Jean Moulin, so braucht die Masse ihre Forderungen nicht mehr selbst zu erheben: Man wird schon das Nötige für sie tun, man wird sie in die Gesamtgesellschaft integrieren. Management und Eigentum haben nunmehr so wenig miteinander zu tun, daß der Begriff des «kollektiven Eigentums» jeglichen Sinn verloren hat. Wenn man ihn trotzdem beibehalten will, so könnte man – Jean-Jacques Servan-Schreiber tut es zumindest – von einer kollektiven Aneignung der Produktionsmittel durch die Mittelschichten sprechen. (Eine Formulierung, die jedoch sinnlos ist, es sei denn, sie beinhaltet den Sieg einer Technokratengruppe, die dem Großkapital verpflichtet ist und von den Mittelschichten in dem Maße unterstützt wird, in dem diese Nutznießer des Wachstums werden.)

Die Gewerkschaften macht man darauf aufmerksam, daß ihre Rolle sich nicht mehr darauf beschränke zu widersprechen, sondern «Verantwortungen» zu tragen. Sie sollen mitverwalten. Auf welche Weise? Indem sie sich ruhig verhalten. Sie verfügen über keine Entscheidungsgewalt, doch man holt ihren Rat ein. Sie können die zuständigen Regierungsorgane aufsuchen und ihnen sagen: «Hört mal, es ist doch etwas ärgerlich, daß die Kaufkraft nicht steigt.» Man wird ihnen antworten: «Das stimmt schon, aber da kann man nichts machen. Gemäß dem Programmentwurf in ‹Horizont 80› wird es noch zwei Jahre lang so bleiben. Nur den Kopf nicht hängen lassen!»

Und was erwartet man vom Unternehmer? «Redlichkeit.» Doch was heißt «Redlichkeit» eines Unternehmers gegenüber seinen Arbeitern? In welcher Hinsicht spielt diese Tugend – selbst wenn er sie als Individuum und in seinem Privatleben besitzt – eine ökonomische Rolle in den Beziehungen des Unternehmers, der bestrebt ist, seine Produktionskosten zu senken, zu seinen Angestellten, die notwendigerweise höhere Löhne fordern? Der Unternehmer ist in seinem Verhältnis zum Lohnabhängigen dann redlich, wenn er die Kapitalinteressen klar zum Ausdruck bringt. Akzeptiert er das Defferresche Abkommen, ist er so unredlich wie der Wolf, der in die Kleider der Großmutter schlüpft, um Rotkäppchen leichter verspeisen zu können.

Man droht zwar mit Verstaatlichung. (Denn man behält das Wort im

Programm – das ist typisch –, doch die Sache selbst wird ausgeklammert. Die «Nationalisierung» wird zum Mittel der Einschüchterung: Sie dient dazu, die widerspenstigen Unternehmer dahin zu bringen, sich dem Entwurf zu fügen. Das ist nichts Neues: In der Blütezeit des Faschismus hat Mussolini häufig von dieser Drohung Gebrauch gemacht.) Es ist jedoch klar, daß diese Waffe niemals angewendet werden wird, wenn die «Föderation» sich mit dem MRP zusammentut.

Wo bleibt bei alldem der Sozialismus? Die Inspiratoren Defferres, die Leute vom Club Jean Moulin, haben das Wort so sehr «modernisiert», daß es nichts mehr bedeutet. Der MRP schreckt davor noch zurück; daher rühren auch die Schwierigkeiten, auf die die Sozialdemokraten bei der Bildung ihrer «Föderation» stoßen. Doch die Demagogen um Defferre haben keine Angst mehr vor Wörtern. Sie wissen, wie man sie ihres Sinnes entkleidet oder wie man sie durch andere ersetzt. In ihrem Sprachgebrauch hat Sozialismus nicht länger die kollektive Aneignung der Produktionsmittel zum Ziel. Von nun an soll er sich «innerhalb des Kapitalismus» entfalten; sein Ziel wird die Einführung der «sozialen Gerechtigkeit».

Was ist nun wieder «soziale Gerechtigkeit»? Ein zunächst bedeutungsloser Begriff. Alles hängt von der jeweiligen Gruppe ab, von der Klasse, die Gerechtigkeit walten läßt. In einer bestimmten Gesellschaft läßt sich – solange die benachteiligten Klassen nicht stark genug sind, deren Strukturen zu zerbrechen – die soziale Gerechtigkeit über jene Institutionen definieren, die Ausdruck einer bestimmten zugrunde liegenden Wirklichkeit sind – und diese ist wiederum eine ökonomische und soziale. Diese «Gerechtigkeit» unterstellt also die Handhabung jener Institutionen in ihrer «Reinform», das heißt, ohne parasitäre, durch Privatinteressen bedingte Aufblähung, die sie auf dunkle Abwege führt, so daß sie zum schieren Ausdruck der allgemeinen Interessen der herrschenden Klasse werden. Natürlich kann man in diesem weitgesteckten Rahmen einige Verbesserungen anbringen, ohne das Ganze anzutasten.

Nur wenige werden behaupten, unter de Gaulle herrsche soziale Gerechtigkeit. Dennoch könnte man sich sehr wohl vorstellen, mit denselben Institutionen, denselben Unternehmern, derselben herrschenden Klasse würde eine Reihe von Verbesserungen durchgeführt, die es beispielsweise erlaubten, den Lebensstandard der Alten, der fürchterlich niedrig ist, anzuheben. Ein Kapitalismus, der reformistische Züge annehmen wollte, könnte es leicht einrichten, daß die Alten nicht länger mit zweihundert Franc im Monat lebten und daß die Lebensbedingungen der Bauern in den meisten benachteiligten Regionen verbessert würden. Das ist innerhalb des kapitalistischen Systems durchaus machbar. Es ist eigentlich genau das, was man Neokapitalismus nennt: ein Kapitalismus, der sich über die Notwendigkeit klargeworden ist, die schreiendsten Ungerechtigkeiten zu beseitigen, da sie ein Herd für Rebellion und

Revolte sind.

Zusammengefaßt heißt dies: Man schlägt der Arbeiterklasse vor, das System so zu akzeptieren, wie es ist; man verspricht dafür eine begrenzte Verbesserung ihrer Lebensbedingungen. Eines der Verbrechen des internationalen Kommunismus sei es, so hat der unsägliche Monnerot geschrieben, die Bourgeoisie daran gehindert zu haben, ihre Arbeiterklasse zu integrieren. Dafür ist es offenbar noch nicht zu spät: Gerade das schlägt Defferre der Bourgeoisie vor.

*Politik ist trotz allem eine Machtfrage. Nun scheint aber die Arbeiterklasse weiter denn je von der Macht entfernt zu sein. Wie soll sie es anstellen, ihr näher zu kommen und an ihr zu partizipieren? Damit wären wir wieder beim Defferreschen Argument der Effizienz. Ein Leser schrieb uns diese Woche: «Im Grunde ziehen Sie es vor, innerhalb einer mit den Kommunisten sympathisierenden Gruppierung ohne Zukunft eine von den Kommunisten verachtete extreme Rechte zu bilden, anstatt eine von Defferre respektierte und sogar gefürchtete extreme Linke einer ‹Föderation›, die de Gaulle ablösen könnte, zu sein.»*

Genau das habe ich eben beschrieben: Pessimismus bei der Linken, Optimismus bei der Rechten. Gerade dann, wenn wir die Kandidatur Defferres unterstützen, wird er uns fürchten. Weshalb? Er hätte dazu Anlaß, wenn wir, wie zum Beispiel die Minderheit der sozialdemokratischen Partei Belgiens, eine gewisse Arbeitermacht darstellten, die, mit den Kommunisten verbündet, im Kampf ein gewisses Gewicht haben könnte. Aber wie sollte eine Gruppe von Leuten, die bereit ist, mit der Kommunistischen Partei zu brechen und die die Arbeiter, die sehr gut wissen, was hier vor sich geht, enttäuscht, von Defferre gefürchtet werden können, nachdem sie in seiner «Föderation» aufgegangen wäre? Diese Argumentation ist verrückt. Wir wären dann wie die linken Gaullisten. Verbringt de Gaulle etwa schlaflose Nächte mit der Frage: «Mein Gott, was wird Vallon morgen früh anstellen?» Das ist lächerlich. Der «Föderation» beitreten heißt sich für die Effizienz verkaufen. Ich sage es noch einmal: Man muß die Alternative ablehnen, man muß die gaullistische Erpressung zurückweisen, auch wenn es Defferre ist, der mit ihr operiert.

*Defferre tut das immerhin mit einem Programm, dessen Lösungen – Unabhängigkeit von den Vereinigten Staaten, Kommunalisierung des Bodens, Bildungsreform etc. – den Zielen der Linken entsprechen.*

Nehmen wir den ersten Punkt: die Unabhängigkeit von den Vereinigten Staaten. Und gehen wir von der Feststellung aus: Die amerikanischen Investitionen haben ein Ausmaß erreicht, das eine gesunde Politik unmöglich macht; unsere Wirtschaft ist im Begriff, erstickt zu werden.

Defferre weist uns mit Recht darauf hin, daß eine Außenpolitik, die die nationale Unabhängigkeit wiederherzustellen vorgibt, sinnlos ist, solange man nicht auf der Ebene der ökonomischen Infrastrukturen die geeigneten Kampfmaßnahmen gegen den Zustrom ausländischen Kapitals ergreift. Doch was schlägt er vor? Völlig zu Recht prangert er die Affäre Bull an. Aber sobald daraus Folgerungen gezogen werden müßten (Verstaatlichung oder nicht?), bläst er die Sache plötzlich ab, vertröstet uns auf den Sankt-Nimmerleins-Tag (‹Horizont 80›) und will sich an die anderen EWG-Länder mit dem Vorschlag wenden, sie sollten doch zusammen mit Frankreich eine Union bilden, die stark genug wäre, sich dem amerikanischen Vordringen zu widersetzen. An wen wendet er sich? An die Bundesrepublik, die ihren Wiederaufbau amerikanischen Investitionen verdankt und deren gesamte Politik auf dem Bündnis mit Washington basiert. Das ist eine Farce.

Er stellt die Frage richtig, aber bei der Antwort weicht er unvermittelt auf Europa aus. Im Rahmen eines Europa, das es nicht gibt – und das zu errichten er über keinerlei Mittel verfügt –, will er das Problem lösen. Wie soll man im übrigen, während man auf seine «Verwirklichung» wartet, den Zustrom amerikanischen Kapitals aufhalten, der die Errichtung eines solchen Europa von Tag zu Tag unmöglicher macht? Man muß die Rede an die Amerikaner lesen, die er während seines New York-Aufenthalts gehalten hat. Er bittet sie freundlichst um Verständnis. «Es liegt nicht in Ihrem Interesse, bei uns so viel zu investieren. Das verursacht die Flucht ihres Goldes und den Sturz des Dollar. Seien Sie so nett und zeigen Sie sich einsichtig: Bremsen Sie diese Investitionssucht und lassen Sie uns selbst investieren.»

Die Amerikaner haben natürlich gelacht. Denn die privaten Monopole, die in Frankreich investieren, kümmern sich herzlich wenig darum, ob das Gold abwandert – im übrigen haben sie darüber ihre eigene Theorie –, solange sie nur enorme Gewinne machen können. Die Vorstellung eines Wirtschaftswettbewerbs mit den Vereinigten Staaten, im Bündnis mit der Bundesrepublik als Hauptpartner, ist schlicht verrückt. Um so mehr, als Defferre die Absicht hat, dem atlantischen System politisch und militärisch treu zu bleiben.

Er schlägt eine übernationale Organisation vor, in der die allseits gebilligte Wahrung der einzelnen nationalen Souveränitäten enthalten sein soll. Gegen dieses Prinzip habe ich nichts einzuwenden, vorausgesetzt, man sagt, um welches Europa es sich dabei handelt, welche Kräfte im jeweiligen Land an der Macht sind, ob das Einvernehmen zwischen den Bündnispartnern grundsätzlich oder oberflächlich ist und welche Politik dieser «Super-Staat» betreiben will. So wie Defferre es sich vorstellt, entspricht diese Organisation genau den Wünschen der Vereinigten Staaten: Die Bundesrepublik wird darin die führende Rolle spielen; das atlantische System wird – sowohl in ökonomischer als auch in militärischer Hinsicht – dadurch gestärkt werden.

Seine Politik wäre also viel gefährlicher als die de Gaulles. De Gaulle läßt zwar die amerikanischen Investitionen ins Land, doch politisch handelt er auf eigene Faust. In gewisser Weise ist das eine abstrakte Komödie, ohne wirkliche Bedeutung. Doch anders gesehen erlaubt uns diese Unabhängigkeits-Komödie, die Bedingungen einer tatsächlichen Unabhängigkeit zu sehen, und wir können uns vorstellen, daß gewisse Kräfte sich von dem nationalen Widerstand gegen die amerikanische Bevormundung inspirieren lassen, um die ökonomischen Probleme neu zu überdenken. Durch das, was uns Defferre vorschlägt – vorläufige Anerkennung der Unterlegenheit Frankreichs und Europas gegenüber den Vereinigten Staaten, die Weigerung, sich mit dem Problem der amerikanischen Investitionen zu befassen, totale Unterordnung unter das atlantische –, wären wir völlig wöllig geknebelt.

*Wenn der «reformistische» Weg, den uns Defferre anbietet, eine Verschleierung ist, was bleibt dann noch übrig? Die Revolution?*

Alle Welt sagt uns: «Die Revolution ist unmöglich», und die Kommunistische Partei selbst erkennt das stillschweigend an. Gut. Ich will einmal von meiner persönlichen Meinung absehen und dieser Hypothese folgen. Es gibt zwei Typen von Reformismus: Zum einen den Reformismus Defferres, der im Rahmen der bestehenden Strukturen angewandt wird, ohne sie zu sprengen, und der nur gewisse Veränderungen vornehmen will – im Bereich der Außenpolitik, der industriellen Expansion, der sozialen und ökonomischen Prioritäten. Er kann nur – in Anbetracht der Kräfte, die ihn unterstützen – mit Zustimmung der Unternehmer praktiziert werden.

Es gibt aber noch einen anderen Reformismus, den ich den revolutionären nennen möchte. Dieser kommt von der Basis. Er ist das Resultat der Durchsetzung von Forderungen, die die Struktur der Gesellschaft verändern. Er ist das Ergebnis eines permanenten Kampfes der Arbeiterklasse, die mit jedem Schritt nicht nur Lohnerhöhungen erreicht, sondern auch einen größeren Einfluß in der Betriebsführung gewinnt, der die unternehmerische Macht tatsächlich beschneidet. Es ist dies ein Reformismus, der nicht im Rhythmus der Zugeständnisse, die die herrschende Bourgeoisie zu machen beliebt, sondern im Zug der Siege, die die Arbeiterklasse erringt, zu Fortschritten gelangt.

Wer auf die Austragung dieses Kampfes verzichtet, hat sich mit dem Tod der Linken abgefunden. Man erklärt uns, das sei nicht mehr aufzuhalten, und die Parteien der Linken würden sowieso eingehen. Mag sein. Doch das heißt weder daß der soziale Kampf an der Basis eine andere Bedeutung angenommen noch daß er an Heftigkeit eingebüßt hat. Und genau dort muß man wieder ansetzen.

# Der Linken den Garaus machen oder sie kurieren?

***Le Nouvel Observateur,*** **24. Juni 1965**

JEAN-PAUL SARTRE: Das Unternehmen Defferre ist gescheitert, weil es von einer falschen politischen Analyse ausging. Es war ein Sandkastenspiel. Es ging darum, so erklärte man uns, die «Sigel» einer bestimmten Zahl von Parteien «zu vereinnahmen» und ihre Mitgliederzahlen zu addieren. Man wollte die Kisten mit den Aufschriften «SFIO» und «MRP» nehmen und ihren Inhalt in den großen Sack «Föderation» schütten. Das war absurd. Hätte man den Sack wieder aufgemacht, hätte man bemerkt, daß er zur Hälfte leer war. Warum hätten – auf kommunaler Ebene – sozialdemokratische Wähler, die sich im letzten Februar mit den Kommunisten gegen eine MRP-Liste verbündet hatten, das nächste Mal für einen von der «Föderation» präsentierten MRP-Kandidaten stimmen sollen? Und warum sollte ein MRP-Wähler, für den der Sozialismus seit zwanzig Jahren der «Feind» ist, im kommenden Dezember für Gaston Defferre stimmen? Er würde hundertmal lieber de Gaulle oder einem Mann wie Pinay seine Stimme geben.

Das Unternehmen hätte einen Sinn haben können, wenn es auf einem realisierbaren linken Programm basiert hätte. Letzte Woche haben wir gesehen, daß dies nicht der Fall war. Defferres Programm ist eine Seifenblase. Man gibt Ziele bekannt, aber man sagt weder wie noch wann man sie erreichen will. Man führt sogar eine höchst geschickte Kampagne durch, die sich Dinge zum Ziel setzt, von denen man weiß, daß sie auf jeden Fall eintreten werden oder daß sie eintreten müssen, wenn man Katastrophen vermeiden will. Zum Beispiel hat Defferre in Wirtschaftsprognosen gelesen – oder man hat es für ihn gelesen –, daß 1980 die Bauern nur noch sieben Prozent der arbeitenden Bevölkerung ausmachen werden. Die demographischen Berechnungen, der Vergleich mit anderen Gesellschaften und die Studie über die gegenwärtige Situation weisen das aus. Ob im Élysée-Palast ein Prädident der Rechten oder der Linken sitzt, spielt dabei überhaupt keine Rolle. Was sagt Defferre? Daß der Anteil der Bauern an der Gesamtbevölkerung bis 1980 auf sieben Prozent reduziert werden *muß* und daß er sich mit seinem Plan dafür einsetzen will.

Ein anderes Beispiel: Bis 1980 müssen acht Millionen Wohnungen gebaut werden. Das muß, wenn man schwere Unruhen vermeiden will, tatsächlich geschehen. Und Defferre verkündet: «Wir werden sie haben.» Wie? Das sagt er nicht. Er kündigt die Kommunalisierung des Bodens an, doch würde diese Maßnahme nicht ausreichen, die große Investitionsbewegung im Bauwesen anzukurbeln, die dafür notwendig wäre.

Ziel der technokratischen Berater Defferres ist in Wirklichkeit unsere Amerikanisierung. Sie stellen fest, das Pro-Kopf-Einkommen in Amerika sei dreimal so hoch wie in Frankreich, und sie folgern: Dieses Ziel gilt es zu erreichen. Aber es stimmt nicht, daß das einzige Ziel der Linken die Hebung des Lebensstandards ist. Das ist es zwar *auch*, aber es müßte dann das «Indiz» von etwas anderem sein, das Ergebnis einer Umwandlung der Gesellschaftsstrukturen.

*Bleibt festzustellen, daß die Linke in Frankreich vorläufig in der Minderheit ist. Gerade diese Feststellung veranlaßt die Defferristen zu der Aussage, die einzige Möglichkeit, der Rechten die Macht zu entreißen und gewisse Veränderungen in Frankreich durchzusetzen, bestünde darin, die Unterstützung der Mitte für ein reformistisches Programm zu erhalten.*

Das ist die «Realpolitik» der Technokraten, von der ich letzte Woche gesprochen habe: «Die Linke stirbt, wechseln wir zur Rechten über.» Wirkliche Realpolitik ist etwas anderes. Nämlich: «Die Linke ist schwer krank. Da wir zu ihr gehören, werden wir unsere ganze Kraft daransetzen, sie wieder zu beleben. Will man verhindern, daß sie verschwindet, so gibt es eine Menge Arbeit: Wir sollten sie tun, auch wenn die Erfolgsaussichten, kurzfristig gesehen, gering sind.»

Zurückweisen muß man die Erpressung der Technokraten: «Die Linke hat wenig Chancen, die Krankheiten, an denen sie leidet, in absehbarer Zeit zu überwinden. Wir müssen sie schnell beerdigen!» Warum? Man muß versuchen, sie zu retten, auch wenn das Zeit kostet. Man denke nur daran, wie lange es gedauert hat, nach dem Zusammenbruch der Pariser Commune wieder eine Linke aufzubauen: dreißig Jahre. Es gab eine Phase der Verwirrung nach der Pariser Commune, doch die Arbeiter haben sich nicht gesagt: «Es ist alles verloren. Strecken wir die Waffen.» Sie haben sich allmählich reorganisiert, und im Jahre 1900 stand der Anarcho-Syndikalismus auf der Höhe seiner Macht. Die französische Arbeiterklasse war nie aggressiver oder stärker als damals.

Man soll uns also heute nicht kommen und sagen, alles «sei hin», weil eine Reihe von historischen Umständen (der Krieg von 1939 bis 1945, die darauf folgenden Kolonialkriege, das Gewicht der Militärs im politischen Leben, das Ende und die Nachwirkungen des «Stalinismus») zu einer völligen Spaltung der Linksparteien geführt und sie auf ihren Tiefpunkt gebracht hat. Das heißt schlicht, daß man sich an die Arbeit machen muß.

*Sie sagen, das sei nicht eilig. Seit zwanzig Jahren jedoch scheint die Zeit eher gegen die Linke zu arbeiten, nicht nur in Frankreich, sondern in ganz Europa.*

Das trifft nicht überall zu. Nehmen Sie Italien: Ich halte die italienische Linke, mit dem Potential der Kommunistischen Partei und der Linkssozialisten, nicht für krank. Die Regierung ist krank; denn Nenni hat sich in ein Unternehmen «defferristischen» Stils hineinziehen lassen. In Frankreich wird die Zeit *gegen* die Linke arbeiten, wenn wir nichts tun; sie wird *für* sie arbeiten, wenn wir kämpfen.

Illusionen allein helfen nicht weiter. Es ist höchste Zeit zuzugeben, daß der «König nackt ist», das heißt, daß die französische Linke, soweit sie in Organisationen repräsentiert ist, im Sterben liegt. Das ist im übrigen die einzige vernünftige Aussage, die Defferre auf dem Kongreß der SFIO gemacht hat. Er sagte zu den Sozialdemokraten: «Betrachtet euch doch im Spiegel: Ihr habt nicht mehr als 70000 eingeschriebene Mitglieder, und ihr seid eine Funktionärspartei geworden und habt fast alle eure Ziele aufgegeben.» So ist es leider. Auch in den anderen Parteien und in den Gewerkschaften sind die Apparate verkalkt, haben sich in ihren Fraktionen verkrochen und sind in dem Maße schwächer geworden, in dem sie mehr und mehr den Kontakt mit den Massen verloren haben.

Infolgedessen hat die Linke in naher Zukunft keinerlei Chance, die Macht zu übernehmen. Ein Leser schrieb mir: «Sie sind sechzig Jahre alt, Sie haben's gut. Sie können es sich erlauben, frohen Muts mit dem Sieg des Sozialismus in etwa dreißig Jahren zu rechnen. Aber ich bin zwanzig; ich werde diese dreißig Jahre leben müssen, und ich will nicht warten. Was kann ich tun?» Bestimmt nicht nach rechts überwechseln, um an die Macht zu gelangen, wozu Defferre uns auffordert. Das würde keinen Tag früher zum Sieg des Sozialismus führen.

«Sie akzeptieren also», schreibt mir ein anderer, «daß die Linke keinerlei Aussicht auf unmittelbare Effizienz hat?» Ich akzeptiere es nicht: Ich stelle es fest. Würde man mir sagen, eine Volksfront werde nächstes Jahr an die Macht kommen, wäre ich darüber sehr froh. Leider steht nichts dergleichen zur Diskussion.

Das heißt ganz bestimmt nicht, daß man nichts tun kann. Auch wenn die linken Parteien und die Gewerkschaften – die nur Überbau sind – ihre Funktion nicht mehr erfüllen, gehen die sozialen Kämpfe weiter, genau so intensiv wie je. Und die Kampfbereitschaft der ausgebeuteten Klassen ist immer noch groß. Erinnern Sie sich nur an den Beamtenstreik, der das Land 1953 praktisch lahmgelegt hat, an den Streik der Bergarbeiter vor zwei Jahren und den bei Peugeot letzten Monat. Wenn alle diese Streiks schließlich als Fehlschläge endeten (auch wenn einige Forderungen erfüllt worden sind), dann nur, weil die Arbeiterorganisationen nicht in der Lage waren, ihnen eine politische Perspektive zu geben. In einigen Fällen haben sie ganz einfach Verrat begangen, die CFTC zum Beispiel und die FO, die 1953 in dem Moment einen Kompromiß akzeptierten, als die CGT sich anschickte, den Kampf auf den privaten Sektor auszudehnen. Bei jeder ernsten sozialen Krise kann man feststellen, daß sich an der

Basis im Nu eine Einheit herstellt. Aber auf Funktionärsebene bleibt es bei den lähmenden Spaltungen.

Andererseits waren die Parteien nicht fähig, mit der Entwicklung der Arbeitskämpfe, die einen anderen Charakter haben als früher, Schritt zu halten. Man kämpft nicht mehr – auch wenn viele es noch tun – für die Befriedigung von Grundbedürfnissen, sondern für eine Beteiligung an der Betriebsführung. Man muß den Kampf auch den neuen Techniken des modernen Kapitalismus anpassen, dem *human engineering*, das den einzelnen noch mehr in die totale «Organisation» entfremdet durch die Illusion eines Kontakts mit der Betriebsleitung. Die italienischen Kommunisten standen in den fünfziger Jahren vor dem Problem, aber sie konnten sich darauf einstellen, Antworten finden, neue Ziele definieren.

In Frankreich bleibt noch alles zu tun. Es geht nicht nur um eine Reorganisation der Linken, sondern um ihren Wiederaufbau von den Forderungen der Basis her. In den Fabriken auf dem Land wird eine authentische linke Strömung neu entstehen können. Sie wird sich nicht durch die Bestätigung von Prinzipien, die man kennt, manifestieren müssen, sondern im täglichen Kampf. Die Linke, die wir gekannt haben, ist aus den Massen entstanden. Seit sie den Kontakt zu ihnen verloren hat, stirbt sie ab. Während sich die Probleme, die sich den ausgebeuteten Klassen stellen, verändert haben – wenngleich die Ausbeutung geblieben ist –, haben sich die Parteien und die Gewerkschaften nicht von der Stelle gerührt. Die Linke wird nur dann als politische Kraft neu entstehen, wenn sie wieder wird, was sie einst gewesen ist: Ausdruck und Instrument des Kampfes der Basis.

*Und wenn sie nie wieder hochkommt?*

Soweit die gesellschaftlichen Konflikte *reale* Konflikte bleiben und wir weiterhin in einer Gesellschaft der Ausbeutung leben, ist es unumgänglich, daß die Linke eines Tages wieder aufersteht. Sie wird nicht mehr so aussehen, wie wir es gewohnt waren, sie wird vielleicht andere Kämpfe austragen, aber ihr Ziel wird das gleiche sein: der Ausbeutung ein Ende zu machen. Schließlich ist die neokapitalistische Gesellschaft, in der wir leben, durchaus nicht unverletzlich. Sie ist nicht, was Gramsci eine «hegemoniale» Gesellschaft genannt hat, in der die führende Klasse so mächtig ist, daß sie den ausgebeuteten Klassen nicht nur ihre eigenen Werte aufzwingen kann, sondern das auch noch mit deren vollkommenem Einverständnis. In der Antike war das zum Beispiel der Fall in Athen. Heute ist selbst Amerika – entgegen dem Anschein – keine hegemoniale Gesellschaft. Seine Hegemonie fußt in Wirklichkeit auf seinen imperialistischen Positionen in Südamerika und anderswo in der Welt. Was es heute zur Rettung dieser Positionen tun muß – in Vietnam, in Santo Domingo –, zwingt es gleichzeitig dazu, sich zu demaskieren; und man erlebt etwas, was es seit Jahrzehnten nicht mehr gegeben hat: das Erwachen der amerikanischen Intellektuellen, die gegen die Politik ihrer Regierung aufstehen.

Die französische Bourgeoisie ist gegenwärtig nicht in der Lage, «ihre Arbeiterklasse zu integrieren», und solange sie das massive Wachstum der amerikanischen Investitionen in Frankreich nicht aufhalten kann, wird sie es laufend weniger können.

Diese ökonomische Kolonisation durch die Vereinigten Staaten wird Frankreich daran hindern, eine Politik der Vorsicht zu betreiben, die zum Beispiel dafür sorgen müßte, daß es niemals zuviel Arbeitslosigkeit im Lande gibt. Denn es wird so weit kommen, daß Frankreich seine Entscheidungsgewalt verliert. Wenn ein amerikanischer Konzern als Besitzer einer Fabrik in Frankreich beschließt, die Produktion dieser Fabrik zu drosseln oder umzustellen, kümmert er sich nicht darum, ob dies die soziale Stabilität in Frankreich gefährdet oder nicht. Das konnte man im Bereich der Elektronik bei der Affäre Bull bereits sehen. Das wird anderswo genauso passieren. Die einzige Möglichkeit, die Invasion amerikanischen Kapitals zu stoppen, wäre die Verstaatlichung der Industrie. Das wird die französische Bourgeoisie aber nie tun. Und das bedeutet, daß sie noch weniger als die eines anderen Landes dazu imstande sein wird, ihre Arbeiterklasse lange einzulullen, indem sie sie mit den Brosamen ihrer «Prosperität» abspeist.

*Wenn wir zugeben müssen, daß die Linke weiter denn je von der Macht entfernt ist – was kann sie tun, um ihr näher zu kommen?*

Im Augenblick nicht viel. Aber das heißt nicht, daß sie nichts zu tun hat. Sie kann mit Streiks, durch eine permanente Konfrontation mit der Staatsmacht Teilsiege erringen und die Lebensbedingungen der ausgebeuteten Klassen verbessern. Auf diesem Gebiet ist kein Erfolg vergebens, auch wenn er nicht geradewegs zur Macht führt.

Als Intellektuelle können wir nur eines tun: der ausgebeuteten Klasse – deren Spaltung dem Neokapitalismus vorläufig gelungen ist – dabei zu helfen, sich ihres wirklichen Ziels und ihrer Einheit bewußt zu werden. Wir werden die politischen Probleme nicht lösen. Nicht wir werden einer neuen Volksfront zur Entstehung verhelfen oder einer linken «Föderation», auch wir werden eine Neuformierung der Arbeiterorganisationen nicht herbeiführen. Unsere Arbeit besteht darin, die realen Probleme der Arbeiterklasse deutlich zu machen. Denn die Auseinandersetzung findet täglich statt, und der Kampf kann täglich gewonnen werden. Meiner Meinung nach müßte eine Zeitung wie *Le Nouvel Observateur* den Problemen der Arbeit viel mehr Platz einräumen. Gerade auf diese Weise könnte sie gleichzeitig das Interesse ihrer Leser wecken, sie mobilisieren und neue Leser dazugewinnen.

*Der nächste politische Stichtag ist die Präsidentschaftswahl in sechs Monaten. Was kann man davon erwarten?*

Über das Resultat besteht keinerlei Ungewißheit: De Gaulle wird wiedergewählt werden. Doch es wäre von grundsätzlicher Bedeutung für die Zukunft, wenn die linken Organisationen und Parteien – SFIO, PSU, PC – einen gemeinsamen Kandidaten präsentierten. Das würde zwar der Linken noch nicht ermöglichen, ihre tatsächliche Stärke in Erfahrung zu bringen, da viele hinters Licht geführte Wähler ein weiteres Mal für de Gaulle stimmen werden, aber es wäre ein Anfang.

Meines Erachtens haben sich die Sozialdemokraten selbst verraten, als sie bei ihrem letzten Kongreß das Unternehmen Defferre akzeptierten. Aber sein Scheitern kann für sie heilsam sein. In der Geschichte zahlen Fehler sich aus. Wenn sich herausstellt, daß jeder Versuch, die Linke der Effizienz wegen nach rechts hin zu erweitern, nicht nur gegenwärtig unmöglich, sondern grundsätzlich undurchführbar ist, könnte das eine sinnvolle Neuformierung der Linken begünstigen. Die Chancen für eine Einheit sind an der Basis gegeben, aber diese Einheit muß auch auf der Ebene der politischen Organisationen Gestalt annehmen, damit sich die Massen ihrer Kraft bewußt werden. So ist es 1936 geschehen: Die großen Streiks, die die Macht der Linken gefestigt haben, waren möglich, weil die Arbeiterklasse plötzlich ihre eigene fundamentale Einheit in dem Bündnis widergespiegelt fand, das zwischen den Organisationen, die sie repräsentierten, an der Spitze zustande gekommen war.

Ein Präsidentschaftskandidat der Linken müßte in jedem Fall nicht nur während des Wahlkampfs, sondern auch später als Chef der Opposition in allen Gewerkschaftskämpfen offen und direkt Stellung beziehen, alle Kämpfe der Arbeiterklasse unterstützen und nicht vorsichtig schweigen, wie es Defferre getan hat, um nicht eine imaginäre «zentristische» Anhängerschaft abzuschrecken.

Falls es die Linksparteien nicht schaffen, einen gemeinsamen Kandidaten aufzustellen, obwohl ihnen das Scheitern der «Föderation» Gelegenheit dazu bietet, falls Defferre sich behaupten sollte (im Namen wessen bloß?), falls mehrere andere Kandidaten für die Linke auftreten sollten, dann würde ich kommunistisch wählen. Das bedeutet nicht, daß ich mir wünschte, die Kommunistische Partei allein an der Regierung zu sehen; ich halte aber jede Koalition, die nicht mit ihr oder um sie gebildet würde, für illusorisch.

*Sie sind pessimistisch. Viele werden Sie gar für defätistisch halten.*

Die wirklichen Defätisten sind die, die – wie Defferre – der Linken unter dem Vorwand, sie zu kurieren, den Garaus machen. Ist es Pessimismus, wenn man feststellt, daß die Lage alarmierend ist? Ich habe es Ihnen gesagt, ich habe es geschrieben, ich bin nicht der einzige, der es denkt: Die Linke ist krank. Aber ich glaube, sie wird nicht sterben. Die Linke ist schließlich keine «großmütige Idee» von Intellektuellen. Eine Ausbeutungsgesellschaft kann verbissen dafür kämpfen, das Denken und die Bewegung der Linken niederzuzwingen und sie bisweilen sogar zur Ohnmacht zu verurteilen: aber sie wird sie nie vernichten, denn sie bringt sie selbst hervor.

# Heilsamer Schock

***Le Nouvel Observateur,*** **8. Dezember 1965**

LE NOUVEL OBSERVATEUR: *Wie erklären Sie es sich, daß de Gaulle sich zur Stichwahl stellen mußte?*

JEAN-PAUL SARTRE: Zunächst ist da ein nichtpolitisches Phänomen ins Spiel gekommen: der Fernsehauftritt der Kandidaten der Opposition, der den Wählern einen direkten Kontakt zu ihnen verschaffte. Mitterrand und mehr noch Lecanuet haben von ihrer Jugendlichkeit und ihrem Äußeren profitiert. Und die Leute, die sie nicht unter diesem Gesichtspunkt zu beurteilen glaubten, haben bei dem Vergleich festgestellt, daß de Gaulle recht alt zu werden beginnt.

Es hat der gaullistischen Regierung geschadet, wie sie sich des Fernsehens bisher bedient hat: Durch die Verbreitung von einseitiger Information und Propaganda über sieben Jahre hinweg hatte die Regierung eine einschläfernde Atmosphäre geschaffen. Die Leute schliefen. Das wollten die Gaullisten zwar, aber es hat sich nun gegen sie gekehrt: Verblüfft, de Gaulle zum erstenmal der Kritik ausgesetzt zu sehen, sind die Leute aufgewacht. Wären die Gaullisten schlauer gewesen, so hätten sie die Opposition nicht gänzlich vom Fernsehen ausgeschlossen, sondern ihr die Tür einen Spalt breit geöffnet. Wenn Mitterrand, Lecanuet oder andere von Zeit zu Zeit im Fernsehen gesprochen hätten, hätte ihr plötzliches Auftreten einen weit weniger heftigen Schock ausgelöst. Ein wenig äußerliche Liberalität hätte dem Gegner nicht genützt, wie sie befürchteten, sondern ihn abgenutzt.

So hat sich eine durch sieben Jahre Gaullismus politisch abgestumpfte Wählermasse den beiden Oppositionen angeschlossen, die sich links und rechts gebildet hatten. Mehr als Mitterrand ist Lecanuet als Anhänger des atlantischen Systems und des Europa der sechs in die gaullistische Wählerschaft eingebrochen. Er hat die Stichwahl herbeigeführt.

*Meinen Sie, daß nach der voraussichtlichen Wiederwahl de Gaulles im zweiten Wahlgang diese Erfahrung die Regierung dazu bringt, die Informationspolitik zu «liberalisieren»?*

Das ist unwahrscheinlich. Die Gaullisten haben Angst vor der Öffentlichkeit, und ihre Niederlage wird sie nicht davon befreien. Außerdem wird de Gaulle mit zunehmendem Alter starrsinnig. Er verliert immer mehr an Flexibilität. Vor zehn Jahren hätte er niemals den monströsen Fehler begangen, die Rede vom 4. November zu halten («Ich oder das Chaos»). Ein Fehler, den er mit der Rede über den «Marsch ins Glück», zu der man ihn nötigen mußte, wettzumachen meinte, einer Rede, die aber kühl war und an der vor allem auffiel, daß sie der vorhergehenden Rede widersprach. Ein weiterer Fehler zeugt in gleicher Weise von Verkalkung: De Gaulle hat seinen ganzen Wahlkampf auf die Kritik an der Vierten Republik zugeschnitten, während es eigentlich nur um die Sechste Republik ging.

*In gleichem Maße wie die Niederlage des Gaullismus, die vor allem durch den spektakulären «Aufstieg» Lecanuets ausgelöst wurde, hat der Erfolg Mitterrands überrascht, der mehr Stimmen erhielt, als man hoffen konnte. Glauben Sie, daß dieser Erfolg anhält und daß sich die Einheit der Linken behaupten wird?*

Die Linke scheint in der Tat aus einem sehr langen Schlaf erwacht zu sein. Aber Vorsicht: Die Einheit der Linken, von der Sie sprechen, ist zum gegenwärtigen Zeitpunkt eine Fiktion. Von den 32 Prozent der Wähler, die für Mitterrand gestimmt haben, hat die Mehrzahl individuell gewählt. Bei ihnen war es ein Akt abstrakter Demokratie. Die Linke ist immer noch ein Magma. Die Wählerschaft der Linken bildet keine organische Einheit, die Stimmen, die Mitterrand erhalten hat, stammen von isolierten Wählern. Immerhin kann die Tatsache, daß es siebeneinhalb Millionen waren, die Linke vor der sie ständig bedrohenden Gefahr schützen, von ihrer Rechten (Sozialdemokraten und Radikale) im Stich gelassen zu werden und zusehen zu müssen, wie diese sich der Mitte anschließt. Für Mitterrand im zweiten wie im ersten Wahlgang zu stimmen heißt zur Schaffung eines Abschreckungspotentials gegenüber dieser Rechten innerhalb der Linken beitragen. Wenn Mitterrand nur fünf Millionen Stimmen bekommen hätte, wäre die sozialdemokratische Rechte schnell auf Lecanuet eingeschwenkt, um eine große Bewegung der Mitte aufzufüllen, weil in ihren Augen der Beweis erbracht worden wäre, daß jegliche Zusammenarbeit mit der KP unmöglich sei.

Diese Gefahr ist – zumindest bis auf weiteres – durch den Erfolg vom Sonntag gebannt worden; doch er wird nur dann von Dauer sein, wenn die Linke zu einer wirklichen Einheit findet. Voraussetzung für diese Einheit ist, daß alle Organisationen der Linken sich auf ein präzises Minimalprogramm einigen. Mitterrands 28 Punkte sind nicht mehr als ein schlichter Katalog von Maßnahmen. Ein zusammenhängendes Programm setzt Prioritäten voraus, die einander bedingen müssen, das heißt zunächst grundlegende Optionen.

So etwa: die Einstellung zum atlantischen System. In Frankreich wird heute die Innenpolitik durch die Außenpolitik bestimmt. Alles wird von Erfolg oder Mißerfolg unseres Kampfes gegen die amerikanische Hegemonie abhängen. Die Linke ist sich über diesen wesentlichen Punkt alles andere als einig. Unter den Wählern Mitterrands billigen die einen de Gaulles Widerstand gegen die amerikanische Vorherrschaft und finden ihn sogar zu lasch (in der Tat beschränkt sich de Gaulle nur auf Gesten), die anderen akzeptieren alle Folgeerscheinungen des atlantischen Systems. Doch das ist unvereinbar mit der friedlichen Koexistenz, deren erste Voraussetzung die Auflösung der Machtblöcke ist. Eine Politik des Disengagements gegenüber den Vereinigten Staaten, die im übrigen mit einer entsprechenden Investitionspolitik zu koppeln wäre, muß erst noch diskutiert und präzis definiert werden. Davon sind wir noch weit entfernt.

Dasselbe gilt für Europa: Zuerst muß gesagt werden, mit wem man es bilden will. Man ist nicht gleich Nationalist, wenn man sich weigert, im Rahmen eines Europa der Monopole auf einige Elemente der Souveränität zu verzichten. Doch eben dies schlagen uns viele Linke vor. Zur Zeit ist ein Europa der Völker ein Mythos. Die Realität – das ist das Europa des Herrn Erhard und der italienischen Christdemokraten. Auch da müßte die Linke die Lage analysieren – was sie noch nie getan hat.

*Welche Rolle kann Mitterrand bei der Erarbeitung eines Programms übernehmen, dem jeder zustimmen könnte?*

Die Person ist nicht ausschlaggebend. Wählt man einen einzelnen Mann zum Symbol der Einheit, so geschieht dies immer, um den Mangel an Übereinstimmung zu kaschieren. Immerhin ist Mitterrand mit seinen 32 Prozent Stimmenanteil stark genug, die Personen zusammenzubringen, zwischen denen diese Übereinstimmung hergestellt werden muß, also die Vertreter der organisierten politischen Gruppierungen. Aber es sind nicht allein die Parteispitzen, die der Linken zur Einheit verhelfen könnten. Die Arbeit muß an der Basis geleistet werden.

Was für die Zukunft zählt, ist der heilsame Schock, den der Erfolg vom Sonntag auf die Parteiapparate und die aktiven Mitglieder auslösen wird. Ausgehend von einer bloßen Tatsache – dem nackten Abstimmungsresultat – müßten alle politisch Aktiven einer bis jetzt noch illusorischen Einheit einen konkreten Inhalt geben.

*Glauben Sie, daß die Zeit für die Linke arbeitet?*

Bestimmt nicht, wenn die Linke nicht für die Zeit arbeitet. So wie sie heute beschaffen ist, wird sie fraglos nicht an die Macht kommen. Sie kann und muß anfangen, sich solide Strukturen zu geben, um sich auf die Krisen vorzubereiten, die beim Ausscheiden oder dem Tod de Gaulles nicht ausbleiben können. Vielleicht droht dann sogar der Faschismus: Wenn die Gaullisten einmal ohne ihren Chef sind, werden sie sich bestimmt nicht einfach entmachten lassen.

Langfristig gesehen wird es wieder eine neue Linke geben, unabhängig davon, was aus jener wird, die wir heute haben; denn die Existenz der Linken ist immer Ausdruck eines Klassenkonflikts, den man zwar zu verschleiern sucht, der aber eine Realität bleibt.

Der Erfolg vom Sonntag ist von erheblicher Bedeutung. Wenn die Linke daraus Nutzen zu ziehen versteht, kann er ihr die Möglichkeit geben, endlich ihre Einheit auf der Grundlage eines präzisen Aktionsprogramms zu realisieren und bei den nächsten Wahlen ihr Stimmenreservoir voll auszuschöpfen – was dieses Mal nicht der Fall gewesen ist – und auf diese Weise, ohne an der Macht zu sein, ein Faktor von wirklicher Bedeutung zu werden und auf die Regierungsentscheidungen Einfluß zu nehmen. Aber wir stehen erst am Anfang. Eine enorme Arbeit ist zu leisten, die noch kaum konzipiert worden ist und für die sich die Linke zunächst einmal das Instrumentarium schaffen muß.

# Das Bollwerk des Raymond Aron

***Le Nouvel Observateur,*** 19. Juni 1968
(Gesprächspartner: Serge Lafaurie)

S. Lafaurie: *Nach der letzten großen Studentendemonstration in der Nacht vom 11. zum 12. Juni, in der nicht nur im Quartier Latin, sondern in ganz Paris Barrikaden errichtet wurden, kam es zu einem eindeutigen Meinungsumschwung. Viele, die bis dahin ihre Sympathie für die Studenten zum Ausdruck gebracht hatten, meinten nun, diese würden «übertreiben», und ihre «sterile Gewalt» habe ihrer guten Sache einen schlechten Dienst erwiesen.*

Jean-Paul Sartre: Ja, denn die öffentliche Meinung in Frankreich ist dumm – wie jede öffentliche Meinung. Sie ist dumm, weil schlecht informiert, und schlecht informiert, weil die Presse ihre Arbeit nicht tut. Niemand hat versucht, den Sinn dieser Gewalt der Studenten zu erklären, die in Wirklichkeit nichts anderes als eine «Gegengewalt» ist. Eine Gegengewalt nicht nur punktuell gegen die Polizisten, von denen sie gezielt provoziert wurden, sondern auch gegen eine Gesellschaft, die sie unterdrückt (darüber will ich nächste Woche sprechen). Einige versuchen das zu erklären: die Mitglieder der vierhundert revolutionären Aktionskomitees, die öffentliche Diskussionen in Gang bringen und auf der Straße die Arbeit leisten, die eigentlich Aufgabe der Presse wäre. Sie wirken wie ein Gegengift, und ich muß sagen, ich finde sie fabelhaft. Ich sehe sie in meinem Viertel arbeiten, vor dem Bahnhof Montparnasse oder vor dem Zeitungskiosk an der Ecke Raspail Montparnasse. Sie wenden zwei Taktiken an. Die erste besteht darin, zwischen einem biederen, eher gutmütigen, aber linksstehenden Typ und einem rechten Hitzkopf eine Diskussion zu provozieren. Die Passanten laufen zusammen, jeder will etwas dazu sagen, und sobald die Debatte in Gang gekommen ist, ziehen sich die Mitglieder des Aktionskomitees zurück und überlassen den anderen die Diskussion. Das ist immer sehr gut, da die offenkundige Gewalt des rechten Hitzkopfs den Leuten hilft, die studentische Gewalt mit anderen Augen zu betrachten.

Die andere Methode, die mir die bessere zu sein scheint, besteht darin, den Leuten direkt zu erläutern, was vor sich geht. Das ist nicht immer einfach. Oft sehe ich, wie junge Frauen, die nicht gerade über eine kräftige Stimme verfügen, kleinen zorngeröteten Poujadisten die Stirn bieten. Der Ton wird manchmal heftig, doch nie kommt es zu Handgreiflichkeiten. Das käme niemand in den Sinn. Da gibt es natürlich den jungen Faschisten, der am meisten und am lautesten redet, doch ab und zu muß auch er Luft holen. Dann wirft das Mädchen mit der schmächtigen Stimme ihre Erwiderung dazwischen oder stellt eine Frage, worauf der Faschist wohl oder übel eine Antwort geben muß, die seine Unredlichkeit schlagartig bloßlegt.

Jeder, der an diesen Diskussionen teilnimmt, ist frappiert von der Ruhe und der Geduld, mit der die jungen Leute den Sinn ihrer Aktion erklären. Sie leisten wirklich bewunderswerte Arbeit, und ich bin sicher: Wenn am Morgen des 12. Juni so ziemlich überall Aktionskomitees auf der Straße gewesen wären, hätten viele Pariser ganz anders auf die Demonstrationen der Nacht reagiert.

Was ist eigentlich in jener Nacht geschehen? Das gleiche wie in allen vorangegangenen Demonstrationen, die «schlimm ausgegangen» waren: Die Studenten haben nur auf die Provokationen der Polizei reagiert. Seit Anfang Mai sind alle genehmigten Demonstrationen ruhig verlaufen; zu Gewalttätigkeiten ist es erst gekommen, als die Polizei versuchte, Protestmärsche der Studenten zu verhindern oder ihre Kundgebungen gewaltsam aufzulösen. Am 10. Juni ist ein Gymnasiast von der Kommunistischen Jugendunion Marxisten-Leninisten, der gekommen war, um seine Solidarität mit den streikenden Arbeitern von Flins zu demonstrieren, von der Polizei bei Mureaux in der Seine ertränkt worden.

Ich sage bewußt: von der Polizei. Es macht kaum einen Unterschied, daß er – wie aus den Zeugenaussagen hervorzugehen scheint – nicht direkt ins Wasser geworfen wurde. Wenn sich ein gutes Dutzend junger Leute dazu entschließt, in die Seine zu springen, und sie damit den gefährlichsten Fluchtweg wählen, weil sie von Polizeikräften eingekreist sind und weil einige ihrer Genossen vor ihren Augen wüst mit Gummiknüppeln geprügelt werden, so muß man sagen, daß die Polizei, wenn einer von ihnen dabei stirbt, für das gesamte Geschehen voll verantwortlich ist. Die Presse hat das offensichtlich nicht wahrhaben wollen, und aus dem «ertränkten Schüler» der Morgenausgaben ist in den späteren Ausgaben rasch der «ertrunkene Schüler» geworden.

Für die UNEF stand es außer Zweifel: Die Polizei hatte einen Gymnasiasten getötet, und dagegen mußte demonstriert werden. Die Studenten konnten nicht den Mord an einem ihrer Kameraden zulassen, ohne dagegen zu protestieren. Sauvageot hat gesagt: «Wir werden auf jeden Fall demonstrieren. Wenn die Ordnungskräfte nicht eingreifen, wird es zu keinerlei Gewalttätigkeit kommen. Doch wenn man uns aufhalten will, werden wir nicht zur Auflösung der Demonstration auffordern.»

Die Regierung hat trotzdem die Demonstration verboten. Warum? Es gab nicht den geringsten Grund. Andere Protestmärsche – am 13. Mai von der Place de la République bis Denfert-Rochereau, am 17. Mai zum Charléty-Stadion – waren ohne Zwischenfälle verlaufen. Auch dieses Mal hätten die Studenten und die jungen Arbeiter gerufen «CRS = SS»,

«De Gaulle – Mörder» und hätten friedlich die Straße besetzt, ohne Schaufenster einzuwerfen, ohne auch nur einen Kaffeehausstuhl zu zerschlagen. Aber die Regierung hatte beschlossen, alle Demonstrationen zu untersagen, zweifellos aus Furcht, es könnte eine Demonstration zustande kommen, die noch spektakulärer sein würde als die der Gaullisten am 30. Mai von der Place de la Concorde zur Place de l'Etoile.

Am 11. Juni in Paris war es die Staatsmacht, die, als sie die Studenten daran hinderte, ihrer Empörung offen Ausdruck zu geben, eine Situation geschaffen hat, die überall zu Explosionen führen kann. Die Demonstranten haben nichts anderes getan, als mit Gegengewalt auf die Gewalt zu antworten, mit der man ihnen vorher begegnet war. Übrigens sind die Studenten, entgegen dem, was man uns glauben machen will, durchaus keine Unruhestifter, die davon träumen, alles in Trümmer zu legen – auch wenn sie die Gesellschaft radikal in Frage stellen. Es ist doch auffällig, daß sie Gewalt ausschließlich gegenüber der Polizei anwenden. Es wurden Kommissariate ausgeräumt, Polizeiautos in Brand gesteckt und Polizisten verletzt. Gewiß, es wurden auch Privatautos und verschiedene Gegenstände aus öffentlichem Eigentum zur Errichtung von Verteidigungsbarrikaden verwendet. Aber die Presse konnte praktisch von keiner einzigen Plünderung berichten, auch nicht von Diebstahl oder Brutalität gegenüber «Andersdenkenden» oder von willkürlicher Gewaltanwendung, obwohl sie das nur allzu gern getan hätte. Und dies trotz der – immer wieder zitierten – Anwesenheit der vielen «Rocker», die aus den Vorstädten gekommen seien, um «den Bürger zu terrorisieren». Die Gewalt der Studenten und der jungen Arbeiter ist immer nur defensiv gewesen.

Andererseits sind diejenigen, die man unverblümt als Unruhestifter anklagt, gerade jene, die Gewalt an der Universität nicht billigen. Ich denke hier an die «Maoisten» und die Anarcho-Trotzkisten der FER, die der Meinung sind, die «Arbeit» im Quartier Latin sei völlig belanglos. Die Demonstrationen der Studenten sind in ihren Augen sogar eine verhängnisvolle Ablenkung, die dem Regime zugute kommt: Das revolutionäre Ferment muß in die Arbeiterklasse hineingetragen werden, meinen sie, denn nur von ihr kann eine wirkliche revolutionäre Bewegung ausgehen. Inzwischen hat man diese beiden Gruppen aufgelöst, jedoch nicht gewagt, die UNEF anzutasten, von der die Demonstrationsaufrufe ausgehen. Genauso hat man eine so «ungreifbare» Organisation wie die «Bewegung des 22. März» aufgelöst, von der niemand weiß, ob sie 5000 oder 50 Anhänger hat; eine Organisation, die es ablehnt, sich zu strukturieren, weil sie die Funktion der «aktiven Minderheiten» darin sieht, als ein in der Gesellschaft immer präsentes, aber diffuses Ferment wirksam zu sein; sie ist das Gegenteil dessen, was man eine «terroristische Organisation» nennen würde.

*Anläßlich Ihres Gesprächs mit Cohn-Bendit, dessen Wortlaut wir veröffentlicht haben, hat Roger Priouret im* Express *geschrieben, das Denken von Cohn-Bendit sei «ein Echo auf Thomas Carlyle und Friedrich Nietzsche».*

Das ist ein trauriges Beispiel für politisches Analphabetentum. Priouret kann sich vielleicht über Wirtschaftsfragen in Allgemeinplätzen auslassen, denn er hat einige Bücher darüber gelesen. Spricht man aber von Nietzsche und Carlyle im Zusammenhang mit Cohn-Bendit, so stellt man nicht nur seine Unbildung unter Beweis, sondern auch, daß man nie denken gelernt hat.

Cohn-Bendit lacht sich über Nietzsche halb tot, und ich bin nicht sicher, ob er jemals Carlyle gelesen hat. Die Theorien über den «Helden» interessieren ihn jedenfalls nicht. Was er zu begreifen sucht, ist, was die Funktion einer aktivistischen Minderheit sein kann und muß. Bis jetzt gab es drei große Konzeptionen der Aufstandsbewegung: die von Blanqui, die von Lenin und die von Rosa Luxemburg.

Für Blanqui stellt es sich sehr einfach dar: Es ist Sache einer bewaffneten, geschulten, höchst disziplinierten Gruppe, die Macht zu ergreifen, um dann die Masse – die ihr folgen wird – vor vollendete Tatsachen zu stellen. Bei Lenin handelt die Masse in ihrer Gesamtheit, jedoch unter Kontrolle der Partei, die vorwärts drängt und entscheidet. Auch bei Rosa Luxemburg handelt die Masse, jedoch ohne die Disziplinierung durch die Partei; die Führer tauchen auf und verschwinden, sie werden in den verschiedenen Phasen von der Masse selbst hervorgebracht und gehen dann wieder in ihr auf.

Es ist klar, daß Cohn-Bendits Konzeption – auch wenn er es ablehnt, irgendeiner «Schule» zugeordnet zu werden – der von Rosa Luxemburg nähersteht als den beiden anderen. Er denkt keinen Augenblick an überlegene Menschen oder an Übermenschen, die die Masse führen könnten. Seiner Ansicht nach bringt die Masse von Zeit zu Zeit kleine Gruppen von Menschen hervor, die zwar niemals «Führer» sind, die aber – in bestimmten günstigen Momenten, in denen ihre Aktion einem Bedürfnis des Volkes entspricht – eine Massenbewegung auslösen können, die über sie hinausgeht und sie sofort wieder umschließt. Wo sind da Nietzsche und Carlyle? Das soll mir Priouret mal erklären!

*Die Staatsmacht hatte – das ist schon typisch – das Gefühl, etwas unternehmen zu müssen, um ihre Klientel zu beruhigen und ihr zu beweisen, daß sie der «Subversion» nicht tatenlos zuzusehen gewillt sei. So hat sie es vorgezogen, auf das loszuschlagen, was am ehesten nach Rädelsführern aussah: die Mitglieder der «Grüppchen», die in den Augen der Öffentlichkeit die «Stars» des Protests gewesen waren.*

Diese groteske Maßnahme ist beschämend. Man löst «Apparate» auf, die überhaupt nicht existieren. Die Mitglieder der «Grüppchen» sind so wenig Stars, daß die Öffentlichkeit – außer Cohn-Bendit – keinen einzigen von ihnen mit Namen kennt. Sie sind Militante, die, wenn es sein muß, auch im Untergrund ihre Informations- und Aufklärungsarbeit fortsetzen. Ansonsten vergreift sich die Regierung wie immer an den Schwächsten. Man weist eine Handvoll Ausländer aus, unter ihnen zwei Maler, die seit zehn Jahren in Frankreich gelebt haben und von denen der eine den Preis der Biennale von Venedig erhalten hat. Dasselbe geschah während des Algerien-Krieges mit denen, die das «Manifest der 121» (Aufruf zur Desertation) unterschrieben hatten. Die Repressalien trafen einige Professoren und zwei oder drei arme Teufel, die man drei Jahre lang unnachsichtig vom Fernsehen ausschloß. Doch die etwas bekannteren Schriftsteller sind niemals behelligt worden.

An der Spitze des Staats regiert also die Politik der Feigheit. Gleichzeitig betreibt man an der Basis Mordhetze. Denn nichts anderes bedeutet der Appell de Gaulles, man solle Bürgerwehr-Komitees bilden. Das ist, als sage man den Leuten: Bildet in eurem Stadtteil Gruppen, um all die zusammenzuschlagen, die eurer Ansicht nach subversive Meinungen äußern oder ein für die Regierung gefährliches Verhalten an den Tag legen. So etwas ist bereits vorgekommen. Ich kenne mindestens zwei Fälle in Paris, wo Personen von Gruppen ehemaliger Fallschirmjäger in Zivil oder sogar im Tarnanzug zusammengeschlagen worden sind. Und wen stellt man an die Spitze dieser Bürgerwehr-Komitees? Roger Frey, den Mann, der Ben Barka ermorden ließ!

Dieser Aufruf zum Mord, erlassen vom Präsidenten der Republik, ist im übrigen keine Antwort auf die Gewalttätigkeit der Studenten gewesen. Der Alte ist erst dann in Zorn geraten, als Mitterrand und Mendès-France politisch seine Macht gefährdeten. Bis zu diesem Zeitpunkt war er leichthin aller Welt Freund, begriff nichts, wartete darauf, daß die Dinge wieder zur Ruhe kämen, war überzeugt, daß er sie wieder in den Griff bekommen würde. Erst als sich die Möglichkeit eines politischen Machtwechsels abzuzeichnen begann, nicht auf dem Wege eines Bürgerkriegs – Mitterrand und Mendès-France riefen ja nicht dazu auf –, sondern im Rahmen der Institutionen, da hat der General rot gesehen und zu seinen Anhängern gesagt: «Schluß mit der Komödie: Jetzt wird zugeschlagen.»

*Roger Priouret hat in seinem Artikel auch die faschistische Gefahr erwähnt. Unter den aktiven Minderheiten, schrieb er, bringen die Fallschirmjäger vielleicht immer noch die besten Voraussetzungen für eine Machtergreifung mit.*

Stellen wir uns einmal vor, die Fallschirmjäger übernähmen die Macht. Wie sollen sie die Wirtschaftsmaschinerie in Gang halten? Denn selbstverständlich wird es zum Generalstreik kommen. Werden sie die Arbeiter einzeln in ihren Wohnungen abholen, um sie mit Gewalt in die Fabrik zu bringen? Man kann die Fallschirmjäger gegen die Arbeiter einer besetzten Fabrik einsetzen. Dann aber stehen die Fabriken leer. Man wird zu Hause streiken, und dagegen sind die Fallschirmjäger machtlos. Dies um so mehr, als man die Wehrpflichtigen zweifellos nicht auf Arbeiter schießen lassen wird: Die jungen Soldaten würden das niemals tun.

Wer heute die faschistische Gefahr an die Wand malt, tut das nur, um die Leute zu demobilisieren. Faschismus – so etwas läßt sich nicht mit drei Fallschirmjäger-Regimentern improvisieren. Dazu bedarf es schon einer Gesellschaft wie der in Griechenland, in der die Arbeiterschaft zersplittert und isoliert ist, wo alle Betriebe unterwandert sind und überwacht werden, wo sich die gutbewaffnete Rechte seit Jahren auf den Staatsstreich vorbereitet hat. Oder es bedarf einer Gesellschaft, die über lange Zeit von einer faschistischen Partei bearbeitet worden ist, wie es im Italien Mussolinis und im Deutschland Hitlers der Fall war. Doch in einem Land wie Frankreich macht man nicht über Nacht einen faschistischen Staatsstreich. Es sei denn, für die Dauer von zwei Wochen.

Das Reden von der «faschistischen Gefahr» dient nur dazu, die Leute zu terrorisieren, damit sie das Fortbestehen des gegenwärtigen Regimes billigen. De Gaulle sprach von einer «Gesellschaft im Wandel». Doch seit er an der Macht ist, sucht er mit allen ihm zur Verfügung stehenden Mitteln diesen Wandel zu verhindern. Und er begreift den Charakter der Revolte, die eben ausgebrochen ist, so schlecht, daß er sie einzig mit der alten Nachahmungstheorie erklären will, der «ansteckenden Wirkung» der Gewalt.

Seit hundert Jahren zeigt man bei jeder Entladung des Volkszorns dasselbe Erstaunen: «Wie ist das bloß passiert? Wir leben in einem glücklichen Land, in dem die Studenten und Arbeiter alle Freiheiten genießen, in dem der Lebensstandard regelmäßig steigt, in dem die Leute demokratisch wählen; warum verlieren auf einmal dieselben Studenten und dieselben Arbeiter ohne Rücksicht auf ihre evidenten Interessen die Freude am Leben, die sie tags zuvor noch hatten, warum geraten sie in Zorn und schlagen alles kaputt? Unverständlich!» Oder, so glaubt man, es sei allenfalls mit der Agitation einiger Hitzköpfe zu erklären, deren Fieber sich – wie eine Krankheit – auf geheimnisvolle Weise auf die anderen Bürger überträgt und eine unkontrollierte Explosion der Masse hervorruft. Eine «unkontrollierte» Bewegung ist für die Staatsmacht eine Bewegung ohne Sinn und Zweck, die nur auf Zerstörung um der Zerstörung willen aus ist.

Selbstverständlich gibt es «legitime» Forderungen, nach Lohnerhöhungen zum Beispiel. Man ist gerne bereit, einige davon zu erfüllen. Diesmal allerdings haben die Arbeiter zuviel verlangt, und man hat es ihnen in der Panik zugestanden, um ihre Unruhe zu dämpfen. Und de Gaulle besaß die Frechheit, im Fernsehen ungeniert zu sagen – was nicht einmal in seinem Interesse lag –, daß die erzielten Verbesserungen nur «scheinbare» seien, da man sie in einigen Monaten durch Preiserhöhungen wieder annullieren werde. Pech also für die Arbeiter: Sie hätten gefälligst in Ruhe die «normalen» Lohnerhöhungen abwarten sollen, die

die Regierung vorgesehen hatte.

Was die «illegitimen» Forderungen betrifft – Mitverwaltung, Arbeitermacht, Veränderung der Gesellschaftsstrukturen –, so will man davon kein Wort hören; denn sie sind nur eine Marotte der Arbeiterklasse, die sich ihrer wahren Interessen nicht bewußt ist.

Man muß den Leuten erklären, daß die «unkontrollierte» Gewalt sehr wohl einen Sinn hat, daß sie nicht Ausdruck eines Willens zur Unordnung ist, sondern eines Verlangens nach einer neuen Ordnung.

Nehmen wir die Studenten: Schließlich haben sie ja die Bewegung ins Rollen gebracht. Was wollen sie? Man bekommt zur Antwort: «Studentenmacht.» Das sagt überhaupt nichts, solange man nicht versucht, ihre Stellung innerhalb der Universität und in der Gesellschaft zu definieren.

Sie ist völlig anders als die unsere vor dreißig oder vierzig Jahren. Zwar haben wir schon, als ich zwanzig war, gegen das System der Vorlesungen *ex cathedra* protestiert. Doch wir waren wenige, und wir hielten uns leider Gottes für eine Elite. Wir waren fünfundzwanzig an der Ecole Normale – ein Jahrgang –, wir hatten eine wundervolle Bibliothek, Buden zum Arbeiten, Räume zum Schlafen, etwas Taschengeld, um uns zu amüsieren. Wir hielten die Bücher für besser als die Vorlesungen – das war auch richtig –, und das bekundeten wir einfach dadurch, daß wir nicht zu den Vorlesungen gingen. In die Sorbonne bin ich ein einziges Mal gegangen, als rechte Studenten beschlossen, die Vorlesungen eines Professors zu boykottieren, dessen Ideen ihnen nicht gefielen. An jenem Tag sind wir alle von der Ecole Normale, die wir sonst nie einen Fuß dorthin setzten, weil das unter unserer Würde war, in die Sorbonne geströmt.

Bei uns gab es noch keine überfüllten Vorlesungen, denn wir waren nur wenige. Man arbeitete mit ausgezeichneten Hilfsmitteln, war unter sich. Ich habe mich auf die *Agrégation* zusammen mit Nizan, Maheu – der jetzt bei der UNESCO ist –, Aron und Simone de Beauvoir vorbereitet. Man konnte mit den Professoren diskutieren, und es gab ständig Auseinandersetzungen, aber all das geschah in einer Atmosphäre aristokratischer Muße.

Heute ist das völlig anders. Die Studenten sind so zahlreich geworden, daß sie mit den Professoren nicht mehr den – ohnehin schon schwierigen – direkten Kontakt haben können, den wir früher noch hatten. Es gibt viele Studenten, die den Professor nicht einmal mehr zu Gesicht bekommen. Sie hören nur noch – über einen Lautsprecher – ein total unmenschliches und unerreichbares Wesen, das ihnen eine Vorlesung liefert, der sie absolut nichts entnehmen können, was für sie von Belang sein könnte. Der Ordinarius ist fast immer – das war schon zu meiner Zeit so – jemand, der eine Dissertation geschrieben hat und sie für den Rest seines Lebens herbetet. Er ist außerdem jemand, der über eine Macht verfügt, an der er eisern festhält: die Macht, den Leuten im Namen eines Wissens, das er angehäuft hat, seine eigenen Ideen aufzuzwingen, ohne daß seine Zuhörer das Recht hätten, sie anzufechten. Nun hat Wissen, das nicht ständig der Kritik ausgesetzt wird, sich reflektiert und dadurch neu bestätigt, keinerlei Wert. Wenn der alternde Aron vor seinen Studenten unaufhörlich die Ideen seiner Dissertation wiederholt, die vor dem Zweiten Weltkrieg geschrieben wurde, ohne daß seine Hörer ihn auch nur im geringsten kritisch kontrollieren können, so macht er von einer realen Macht Gebrauch, die jedoch ganz gewiß nicht auf einem Wissen beruht, das diese Bezeichnung verdiente.

Was ist Wissen? Es ist immer etwas, was nicht mehr das ist, was man geglaubt hat, was nicht mehr stimmt, weil eine neue Beobachtung, eine neue Erfahrung gemacht worden ist, mit besseren Methoden oder besseren Hilfsmitteln. Und dann werden diese neuen Erfahrungen ihrerseits von anderen Wissenschaftlern – die einen rückständig, andere fortschrittlicher – in Frage gestellt. Das war schon immer so. Die Theorie Einsteins entstand aus einer Reflexion über die Erfahrung von Michelson und Morley, die den Postulaten der Physik Newtons widersprach. Daraus ist die Einsteinsche Relativitätstheorie hervorgegangen, die selbst wiederum dreißig Jahre später in Frage gestellt worden ist.

Aber die Studenten, wird man sagen, sind nicht dazu in der Lage, den Unterricht eines Professors konstruktiv zu kritisieren, weil sie, *per definitionem*, noch nichts wissen. Zunächst einmal weiß der, der nichts weiß, immer noch ein wenig mehr, als es den Anschein hat, wie jener Sklave zeigt, den Sokrates ein mathematisches Theorem wiederentdecken läßt. Vor allen Dingen kann Bildung nur dann vermittelt werden, wenn man den Menschen die Möglichkeit läßt, sie jederzeit anzufechten.

In dieser Hinsicht habe ich zwei sehr bezeichnende Erfahrungen gemacht. Als ich Lehrer am Gymnasium von Laon war, hatte ich Söhne von Großbauern als Schüler, für die ein Sou ein Sou war, ein Tisch ein Tisch, ein Ochse ein Ochse. Es ging nicht darum, ihnen diesen gesunden materialistischen Menschenverstand auszutreiben. Ich sagte mir also, man müßte das Schuljahr damit beginnen, sie ein wenig zu provozieren, indem ich sie mit dem Kantschen Idealismus konfrontierte. Ihr Widerstand war heftig. Die Vorstellung, daß die sogenannte äußere Realität von der inneren Einheit unserer Erfahrung gebildet werde, war ihnen unerträglich. Doch nach einem Monat Protest sagten sie zu mir: «Wir haben es verstanden!» Und für den Rest des Jahres haben sie mir das Leben sauer gemacht, weil sie mir bei allem, was ich ihnen zu erklären versuchte, Kant entgegenhielten: Sie hatten ihn sich so gut angeeignet, daß sie immer darauf zurückkamen.

Dagegen habe ich später am Pasteur-Gymnasium in Paris meinen Unterricht *ex cathedra* abgehalten. Die Schüler stellten nichts mehr in Frage. Ob die Welt eine äußere Realität oder eine Folge verbundener Vorstellungen sei, ob die Kinder ihren Vater oder ihre Mutter begehren –

warum nicht? Ihnen war alles recht. Zeitungen und Radio hatten sie mit einer Halb-Bildung berieselt. Sie stellten nichts zur Diskussion, und am Ende des Schuljahres wußten sie nichts. Die einzige Möglichkeit des Lernens ist das Infragestellen. Dies ist auch die einzige Möglichkeit, ein Mensch zu werden. Ein Mensch, der die Dinge nicht in Frage stellt, ist nichts. Aber er muß auch einer Sache treu bleiben. Ein Intellektueller ist für mich jemand, der zu einer politischen und sozialen Überzeugung steht, der aber nie aufhört, diese in Frage zu stellen. Es kommt natürlich vor, daß seine Überzeugung und seine Zweifel in Widerspruch zueinander geraten, aber das ist gut so, es ist ein fruchtbarer Widerspruch. An etwas festhalten, ohne es anzuzweifeln – das geht nicht: Man ist dann kein freier Mensch mehr.

Die Universität ist dazu da, Menschen zu bilden, die widersprechen. Anders gesagt: Ein Mann von fünfundvierzig Jahren sollte wissen, daß die Ideen, die er entwickelt hat nach einer kritischen Überprüfung von Ideen derer, die ihn unterrichtet und ihm geholfen haben, fünf Jahre später ihrerseits von denen in Frage gestellt werden, die er selbst unterrichtet hat und die ihm sagen werden: «Das gilt nicht mehr, das ist anders.» Das ist im Grunde das erste Zeichen des Alterns. Es macht sich zwischen fünfunddreißig und fünfundvierzig bemerkbar. Wenn man aber, nachdem man gesagt hat, was man zu sagen hatte, sich und die anderen in Frage zu stellen lernt, dann kann man seine Zeit der Reife, sein nützliches Leben, ein wenig verlängern.

Nun, wir haben an den Universitäten heute noch diese lächerlichen Refugien, die Vorlesungen *ex cathedra*, von Herren gehalten, die nicht vom leisesten Zweifel angerührt sind. Ich lege meine Hand dafür ins Feuer, daß Raymond Aron sich noch nie in Frage gestellt hat, und deshalb ist er in meinen Augen nicht wert, Professor zu sein. Selbstverständlich ist er nicht der einzige; ich muß dennoch gerade von ihm sprechen, da er in den letzten Tagen so manches geschrieben hat. Insbesondere folgendes: «Es ist undenkbar, daß die Studenten auf die eine oder andere Weise bei der Berufung der Hochschullehrer mitwirken.» Warum? Weil die auf das Wissen gegründete Macht, Aron zufolge, vom Lehrer auf den Lehrer, vom Erwachsenen auf den Erwachsenen übertragen werden muß. Sie muß von oben verliehen werden, genauso wie im Ancien régime der Adel und nicht das Bürgertum dazu befugt war, ein Adelsprädikat zu verleihen.

Das ist normal, erklärt Aron, weil die Studenten nichts wissen: Studenten im ersten Studienjahr können nicht über die Vorlesung eines Mannes urteilen, den sie noch gar nicht gehört haben. An dieser Stelle möchte ich daran erinnern, daß die Mehrzahl der Professoren einer Fakultät, die einen anderen Professor berufen, nicht dessen Fach kennen und keine Ahnung von der Qualität seiner Vorlesung haben. Und schließlich sind es ja nicht nur Studenten im ersten Studienjahr, die sich zur Wahl eines Professors äußern können. Es gibt auch noch die Studenten höherer Studienjahre, die seine Vorlesung gehört haben und die sehr gut wissen, was sie davon zu halten haben. Sie alle müssen zusammen abstimmen.

Aron sagt weiter: «Es ist undenkbar, daß die Studenten auf die eine oder andere Weise die Rolle des Prüfers einnehmen.» Mit welcher Begründung? Warum soll den *Agrégations*-Kandidaten gegebenenfalls nicht zugestanden werden, über die Kenntnisse der *Licence*-Kandidaten ein Urteil abzugeben? Das ist im Gegenteil sehr wohl denkbar: In Europa ist es in Kriegs- oder Revolutionszeiten schon oft vorgekommen, daß Studenten an die Stelle von Professoren getreten sind, die getötet worden waren oder hatten fliehen müssen.

Selbst wenn man Studenten an einem Prüfungsgremium beteiligt, die genauso weit sind wie die, deren Kenntnisse man ermittelt, so hat der Vorgang nichts Absurdes, denn Sie wissen doch so gut wie ich, welche Bedeutung in einem Examen die Stimmung, die intellektuellen Marotten und die Zwangsvorstellungen des Professors haben. Wenn er mit dem linken Fuß aufgestanden ist, wird er morgens Zweien und Vieren an Leute austeilen, die am Nachmittag eine Zehn bekommen hätten. Und dann hat er so seine Meinungen. Ich erinnere mich beispielsweise an Gurvitch: Wenn man ihm seine Soziologie-Vorlesung nicht genauso aufsagte, wie er sie angelegt hatte, mit a), b) und c), so war man verraten und verkauft. Oder ein anderes Beispiel: Lachelier, der einem sagte: «Solange ich Präsident der Prüfungskommission für die *Agrégation* bin, wird keiner bestehen, der Hegel in einer Arbeit erwähnt.» Und Lachelier hat einige Jahre lang tatsächlich verhindert, daß die Philosophie Hegels in Frankreich Eingang fand, während sie sich in England und Italien verbreiten konnte. Ebenso hat Brunschvicg – wir hörten seine Vorlesungen an der Sorbonne, weil wir ihn für schlauer hielten als die anderen – die Namen von Hegel und Marx in seinen ersten beiden Büchern nicht einmal erwähnt. Und in seinem dritten Buch hat er Hegel ganze acht Seiten gewidmet, von Marx hingegen immer noch kein Wort.

So sieht er aus, der unkontrollierte und unkontrollierbare Unterricht, den man uns gegeben hat und den man uns heute noch gibt. Deshalb ist es notwendig, daß nicht nur die Studenten im ersten Studienjahr, sondern auch die aus dem zweiten dafür sorgen, wenn nötig, einen Fehler zu korrigieren, Marotten auszugleichen, und daß der Professor weiß: man urteilt über ihn im selben Moment, in dem er Urteile abgibt. Darauf kommt alles an: Wenn der Urteilende nicht seinerseits beurteilt wird, gibt es keine wirkliche Freiheit.

Sie existiert ebensowenig, wenn – was heute der Fall ist – alle Examina zu Wettbewerben werden. Das ist schlicht eine Frage der Studentenzahl. Sobald es «zuviel» Studenten gibt und man entschlossen ist, nur eine bestimmte Anzahl von ihnen zuzulassen, hat man es mit einem Wettbewerb zu tun. Wenn die Studenten sagen: «*Keine Examen mehr*», so heißt das im Klartext: «*Keine Wettbewerbe mehr; Schluß mit einer Universität, die dazu da ist, 5 Prozent Elite und 95 Prozent Ausschuß zu produzieren.*» Sie fordern das Gegenteil: ein System, das 100 Prozent der Bürger eine Ausbildung bietet, ohne daß ihnen die Möglichkeit vorenthalten wird, sich zu spezialisieren, Mathematiker oder Herzspezialist zu werden.

Das gegenwärtige Auslesesystem muß abgeschafft werden. Daß dies nicht unmöglich ist, beweisen die Fortschritte im Kampf gegen eine Auslese, die man früher die «natürliche» nannte; die Aussonderung zurückgebliebener Kinder. Vor dreißig Jahren gab man ein zurückgebliebenes Kind nach Ville-Évrard oder aufs Land; damit war es zwar ein für allemal abgeschoben, behinderte aber die anderen Kinder nicht. Inzwischen hat man Techniken der Reedukation entwickelt, die es gestatten, mindestens die Hälfte der zurückgebliebenen Kinder wieder in die Gesellschaft einzugliedern. Das war möglich, weil sich der Blickwinkel verändert hat. Anstatt in Elitebegriffen zu denken und dem Kind zu sagen: «*Du wirst niemals dazugehören, du bist ein kleiner Wilder*», sagt man zu ihm: «*Du bist ein Mensch, die Kultur gehört dir, du kannst mit den anderen zusammen tätig sein.*» Und wenn man zu helfen weiß, gelingt es ihm auch.

Genau die gleiche Umwälzung muß man auf anderer Ebene an der Universität durchführen. Die Lehrenden müssen es sich zur Aufgabe machen, sich nicht nur diejenigen aus der Masse ihrer Studenten herauszupicken, die sie für wert halten, in eine Elite aufgenommen zu werden, sondern allen Zugang zur Bildung zu verschaffen. Das setzt selbstverständlich andere Lehrmethoden voraus. Es setzt voraus, daß man an allen Studenten Interesse hat, daß man sich bemüht, sich allen verständlich zu machen, daß man ihnen ebenso lange zuhört, wie man zu ihnen spricht. Es setzt voraus, daß man nicht länger mit Aron der Meinung ist: Allein das Hinter-dem-Schreibtisch-Sitzen und Nachdenken – und seit dreißig Jahren dasselbe zu denken – sei eine Betätigung des Verstandes. Es setzt vor allem voraus, daß jeder Lehrende es gutheißt, von seinen Schülern beurteilt und in Frage gestellt zu werden, und daß er sich sagt: «*Sie sehen mich in meiner ganzen Blöße.*» Das ist unbequem für ihn, doch er muß es in Kauf nehmen, wenn er es wieder wert sein will zu unterrichten. Jetzt, nachdem ganz Frankreich de Gaulle in seiner Blöße gesehen hat, müssen die Studenten auch Raymond Aron so sehen können. Man wird ihm seine Kleider wiedergeben, wenn er sich in Frage stellen läßt.

# Der neue Gedanke vom Mai 1968

***Le Nouvel Observateur,*** 26. Juni 1968
(Gesprächspartner: Serge Lafaurie)

S. LAFAURIE: *In dieser Woche feiern die Konservativen Triumphe: Fast alle, die sich im Ausstand befanden, haben die Arbeit wiederaufgenommen; die Sorbonne, Symbol der «studentischen Anarchie», ist von der Polizei besetzt, und die Franzosen haben soeben in aller Ruhe im ersten Wahlgang wieder für so ziemlich dieselben Männer gestimmt. Abgesehen von den nicht zu verachtenden, aber sicher ephemeren materiellen Verbesserungen, die die Arbeiter erreicht haben, bleibt von der großen Bewegung, die einen Monat lang Frankreich erschüttert hat, anscheinend nicht viel übrig. Ist das wirklich so? Hinterläßt die «Mai-Revolution», auch wenn sie fehlgeschlagen ist, nicht doch einige positive Spuren?*

JEAN-PAUL SARTRE: Vor kurzem habe ich in der Cité Universitaire an einer studentischen Diskussion über mögliche Umgestaltungen der Universität teilgenommen, und ein Student begann seinen Diskussionsbeitrag folgendermaßen: «Genossen, wir sollten uns eingestehen, daß unsere Mai-Aktion gescheitert ist . . .» Zwei Wochen zuvor hätte ihn an der Sorbonne niemand seinen Satz auch nur zu Ende sprechen lassen, und er wäre unter Buhrufen abgetreten. Diesmal pfiff kein Mensch, niemand protestierte: Man ließ ihn weiterreden.

In gewisser Weise ist die Bewegung tatsächlich gescheitert. Aber sie ist nur in den Augen derer gescheitert, die geglaubt hatten, die Revolution sei zum Greifen nahe, die Arbeiter würden den Studenten bis zum Ziel folgen und die in Nanterre und an der Sorbonne begonnene Aktion werde in eine soziale und ökonomische Apokalypse münden, die nicht nur den Sturz der Regierung, sondern auch die Auflösung des kapitalistischen Systems herbeiführen würde. Das war ein Wunschtraum, und Cohn-Bendit zum Beispiel hat das niemals erwartet. Er hat im Gegenteil gesagt: «Die Revolution wird nicht von heute auf morgen stattfinden, und das Bündnis von Studenten und Arbeitern ist noch in weiter Ferne. Wir haben nur einen ersten Schritt getan. Wir werden weitere tun.»

Viele junge Leute begreifen das. Sie wissen, daß man mit 100000 unbewaffneten Studenten, und wären sie noch so mutig, keine Regierung stürzen kann: Sie haben eine große Bewegung ins Rollen gebracht, sie werden es in der Zukunft vielleicht wieder tun; jetzt aber geht es darum, den Kampf in anderen Formen fortzusetzen. Die Diskussion neulich abend war deshalb so spannend, weil es dabei um die Frage ging, wie man die Mai-Revolte positiv fortsetzen könnte. Es gab zwei verschiedene Standpunkte. Die einen sagten: «Man muß für die Durchsetzung einer selbstverwalteten ‹kritischen Universität› kämpfen, in der das Verhältnis zwischen Lehrenden und Lernenden und das Verhältnis aller zur Bildung von Grund auf verändert wird.» Beim Medizinstudium zum Beispiel – einige Studentengruppen bereiten schon ganz konkrete Projekte vor – wird es nicht mehr um die bloße Vermittlung einer bestimmten Reihe von Kenntnissen gehen, sondern gleichzeitig um das Problem der Beziehung Arzt-Patient, um die Beziehungen der Ärzte untereinander und schließlich um die Rolle der Medizin innerhalb der Gesellschaft. Die Studenten werden dahin kommen, daß sie den Beruf, den sie gewählt haben, selber neu definieren, daß sie entscheiden, ob der Arzt ein Techniker besonderer Art im Dienst einer Klasse sein soll, oder ein Mann, der der Masse angehört und von ihr zum Heilen berufen ist. Es versteht sich von selbst, daß die Form des Unterrichts und die Wissensinhalte selbst durch eine neue Definition modifiziert werden und daß ein Arzt am Ende seines Studiums anders sein wird als die heutigen Ärzte. Dasselbe gilt für die anderen Fächer: Der Wissenserwerb wird überall Hand in Hand gehen mit der kritischen Reflexion auf den sozialen Nutzen dieses Wissens, so daß die Universität nicht länger «eindimensionale» Menschen herstellen wird – eine gefügige Elite, vom bürgerlichen System getestet und verdinglicht –, sondern Menschen, die die beiden Dimensionen der Freiheit wiedergefunden haben werden: in die Gesellschaft eingebettet zu sein und zugleich diese Gesellschaft in Frage zu stellen.

Diesem Ideal einer Universität halten andere entgegen: «Die kritische Universität läßt sich nicht verwirklichen. Siehe Berlin: Sie bleibt eine Randerscheinung, ein Fremdkörper in der bundesdeutschen Gesellschaft. Und welcher kapitalistische Staat fände sich dazu bereit, eine Universität zu finanzieren, deren erklärtes Ziel es ist, den antikapitalistischen Charakter von Bildung unter Beweis zu stellen? Statt um die kritische Universität sollten wir uns besser um die Kritik der Universität bemühen. Die Universität wird man uns ungefähr so wiederherstellen, wie sie war. Laufen wir nicht von ihr weg, sondern unterziehen wir das Wissen, das man hier verkündet, und die Lehrmethoden weiterhin massiver Kritik – notfalls mit Gewalt.»

Die beiden Standpunkte sind meiner Meinung nach nicht unvereinbar Mir scheint, es könnte innerhalb der Universität «kritische Zellen» geben. Man wird die Medizinstudenten, wenn sie dazu entschlossen sind, nicht daran hindern können, intensiv über Fragen einer wirklich sozialen Medizin zu arbeiten; sie könnten dafür sogar Hörsäle und einen eigenen Stundenplan bekommen. Zwar wäre das noch keine «Fakultät für kritische Medizin», aber es wäre immerhin eine Enklave, in der positive Forschung möglich wäre.

Der Standpunkt: «Die Regierung ist kein annehmbarer Gesprächspartner; wir sind entschlossen, jeden ihrer Vorschläge abzulehnen», kommt mir gefährlich vor, weil die Regierung dann sagen kann: «Unter diesen Umständen machen wir, was wir wollen.» Es wäre besser, für die Durchsetzung von Reformen zu kämpfen, die die Struktur der bürgerlichen Universität erschüttern und das System insgesamt schwächen; dann kann die Universität als Sprungbrett für neue Forderungen dienen. Das ist die Theorie des «revolutionären Reformismus» von André Gorz: Eine stetige Evolution kann dadurch in Gang gehalten werden, daß man die Forderung laufend radikalisiert.

Was die Evolution der französischen Universität betrifft, so bin ich optimistisch – im Gegensatz zu denen, die bereits von ihrer «Kongolisierung» sprechen –, weil ich großes Vertrauen zu den gemeinsamen Aktionen der französischen Studenten und Hochschullehrer habe, die beachtlich sind und keineswegs hinter denen der anderen Länder zurückbleiben. Ich sehe keinen Grund, warum sie nicht zu Lösungen kommen sollten. Die Studenten fordern, daß eine Möglichkeit des Protests in erkämpften oder zugestandenen Formen erhalten bleibt. Ich glaube, daß sehr viele Professoren bereit wären, das zu akzeptieren. Neulich abend habe ich Studenten eine Diskussion über die «kritische Universität» vorgeschlagen. Ich habe Fragen gestellt, man hat mir geantwortet, ich habe meinerseits geantwortet, andere widersprachen, und das alles ruhig und diszipliniert. Ich kann Ihnen versichern: Als Lehrer einer solchen Klasse wäre ich begeistert gewesen.

Ich hatte ganz gewiß keine Kompetenz außer der, die sie mir zubilligten. Hätten sie zu mir gesagt: «Raus!», so wäre mir nichts anderes übriggeblieben als zu gehen, während in der Universität alten Stils ich derjenige gewesen wäre, der die Studenten hätte rauswerfen können. Andererseits war die mir «zugebilligte» Macht – die eines Vermittlers, der sich durch Verständlichkeit Geltung verschaffen muß –, weitaus befriedigender als irgendeine «rechtlich begründete» Macht. Als man mir in Ruhe zuhörte, fühlte ich mich sehr viel «souveräner», als wenn ich eine Preisverleihungsrede gehalten hätte – zu meiner Linken der Schulrat, zu meiner Rechten der Rektor, vor mir versteinerte Gymnasiasten. Wird einem widersprochen – und sei es noch so heftig –, aber gleichzeitig auch zugehört, dann ist man viel zufriedener, nicht nur mit sich selbst, sondern auch mit seinen Schülern, als wenn einem in stummem Respekt zugehört wird. Es ist wesentlich anregender.

Im Gegensatz zu dem, was man uns glauben machen will, wehren sich die Studenten nicht dagegen, daß man ihnen etwas beibringt; sie fordern nur das Recht, über den Unterrichtsgegenstand zu diskutieren und zu prüfen, ob das Unterrichtete Hand und Fuß hat, das Recht, sich die Gewißheit zu verschaffen, daß man ihnen nicht ihre Zeit stiehlt. Sie können sich nicht vorstellen, wieviel Blödsinn man mir beigebracht hat, als ich Student war.

*Die wichtigste Frage für die Studenten ist die, ob es ihnen gelingt, einen direkten Kontakt zu den Arbeitern herzustellen – wenn sie nicht riskieren wollen, daß die positiven Ergebnisse ihrer Bewegung auf die Universität beschränkt bleiben. Im Mai war es sehr schwierig, diesen Kontakt zu finden. Können die «Sommeruniversitäten» darin erfolgreicher sein?*

Über diesen Punkt ist neulich abend viel gesprochen worden. Die einen sagten: «Die Studenten werden sich den Arbeitern zur Verfügung stellen, um ihnen Kenntnisse zu vermitteln, die ihnen eine ‹Umschulung› oder den Zugang zu einer höheren beruflichen Qualifikation ermöglichen.» Die anderen dagegen: «Die Studenten können den Arbeitern nichts beibringen; sie haben alles von ihnen zu lernen.» In Wirklichkeit ist es jedoch falsch, im voraus ein Schema aufzustellen und darüber entscheiden zu wollen, wer was von wem lernen soll. Wie stets kann jeder von jedem etwas lernen. Das Wichtigste an diesen Sommeruniversitäten wird es meiner Ansicht nach sein, daß man lernt, einander kennenzulernen. Denn wenn die Studenten so gut wie nichts über das Leben der Arbeiter wissen, so gilt umgekehrt dasselbe. Der Arbeiter glaubt noch immer, der Student sei jemand, der über «humanistische Bildung» verfügt, der bestimmte Dinge besser versteht, weil man sie ihm besser erklärt hat und weil er Zeit zum Lernen hat. Zu meiner Zeit stimmte das noch; heute nicht mehr. Der heutige Student wird vollgestopft, so wie man Gänse mästet, mit einem genau ausgerichteten Wissen, das ihm engbegrenzte Fähigkeiten vermitteln soll. Und diese Scheinbildung erhält er auch nicht in Luxus und Muße – viele Studenten führen ein sehr hartes Leben –, sondern in Angst, weil er nie weiß, ob er nicht nach einigen Jahren gnadenlos durch ein Ausleseverfahren ausgeschieden wird, das den Zweck hat, aus der Masse nur eine kleine Führungselite herauszufiltern. Wenn ein Arbeiter einen Studenten «Bürgersöhnchen» schimpft, so rührt das in den meisten Fällen daher, daß er ihn nicht versteht, daß er nichts über seine Lebensweise weiß.

Umgekehrt haben die Studenten keine Ahnung von manueller Arbeit, und es wäre vielleicht nicht schlecht, wenn es in diesem Sommer neben den «Kursen für Arbeiter» an den Universitäten – wenn die Arbeiter es wollen – in den Fabriken Praktika für Studenten gäbe. Das gibt es bereits in Ländern wie China und Kuba, wo man in Ansätzen verstanden hat, was Sozialismus wirklich ist.

Auf jeden Fall haben Leute sich nie etwas zu sagen, wenn sie nicht demselben Milieu angehören oder zusammen essen. Sie können nur gemeinsam handeln. Als ich während des letzten Krieges in Gefangenschaft war, habe ich mich mit den Arbeitern und den Bauern aus dem Lager bestens verstanden. Wenn ich in ihren Fabriken oder auf ihren Höfen in meiner abstrakten Intellektuellensprache mit ihnen geredet hätte, so hätten sie mir die kalte Schulter gezeigt. Aber im Lager sprachen wir die gleiche Sprache, weil wir dieselben Dinge tun, auf dieselben Ereignisse reagieren mußten – natürlich nicht immer auf die gleiche Weise. Ich glaube, daß es erst dann zu echten Beziehungen zwischen Studenten und Arbeitern kommen wird, wenn sie zusammen arbeiten, an den Universitäten ebenso wie in den Fabriken.

*Viele Kommunisten, ob orthodox oder nicht, glauben nach wie vor, daß die Arbeiter recht haben, wenn sie den Studenten mißtrauen – deren Forderungen, wie sie sagen, nichts mit den Forderungen der Arbeiter gemein hätten – und sich ihrem «kleinbürgerlichen Abenteurertum» nicht anschließen.*

Ja, neulich in der Cité Universitaire sagte ein Kommunist: «Die Studentenbewegung ist nicht revolutionär, denn 1. hat sie keine revolutionäre Ideologie, 2. hat sie das Regime nicht einmal ins Wanken gebracht, 3. hatte sie anarchistischen Charakter, weil eine Revolte der Bourgeoisie immer zur Anarchie führt, 4. können nur die Arbeiter die Revolution machen, weil sie die Produzenten sind.»

Das Ganze wurde mit Buhrufen aufgenommen; der Bedauernswerte konnte sich kaum Gehör verschaffen, aber man mußte ihm antworten. Ich sagte folgendes: Wenn es einer revolutionären Ideologie bedarf, um eine Revolution zu machen, hätte sie nur von der Kommunistischen Partei Kubas gemacht werden können, nicht von Castro. Nun hat die kubanische KP nicht nur die Revolution nicht gemacht, sondern es sogar abgelehnt, sich dem Generalstreik anzuschließen, den die Studenten und die Widerstandskämpfer in den Städten zu einem bestimmten Zeitpunkt initiiert hatten. Das Bewunderswerte im Fall Castro ist, daß hier die Theorie aus der Erfahrung entstanden ist und nicht umgekehrt. Man muß nur die Rede nachlesen, die Castro vor dem Tribunal gehalten hat, das nach dem mißglückten Sturm auf die Moncada-Kaserne über ihn zu Gericht saß: In ihr findet man eine demokratische Entschlossenheit, Batista, den Diktator, zu stürzen, sowie Vorstellungen von Sozialreformen, die noch ziemlich vage sind, jedoch keinerlei «ideologische Struktur». Im Krieg, im Kontakt mit den Bauern, hat sich Castros revolutionäre Theorie gebildet. Erst später hat er sich, vielleicht unter dem Eindruck, seiner Bewegung fehlten die theoretischen Grundlagen, den Kommunisten angenähert. Aber als er sah, welche starren Dogmen sie ihm aufzwingen wollten, welche Fehler er unter ihrem Einfluß beging, fand er seine Unabhängigkeit wieder, und mit einemmal gewann seine Ideologie an Substanz.

Wenn wir dieses Beispiel auf unsere Verhältnisse übertragen wollen, dann heißt das: um in Frankreich eine Revolution zu machen, die erfolgreich sein soll, muß man nicht über eine fertige Theorie verfügen. Im Gegenteil: Wenn die Studenten gescheitert sind, dann zum Teil deshalb, weil die französische KP mit ihrer geschlossenen Marxismus-Konzeption und ihren fertigen Antworten auf alle Fragen – gestützt auf diesen oder jenen Lenin-Text – die Bewegung gebremst hat.

Nicht daß die jungen Revolutionäre keine Theorie hätten – sie haben sogar viele und sehr unterschiedliche Theorien, auch wenn sie sich alle mehr oder weniger auf den Marxismus berufen –, aber sie akzeptieren die Überprüfung ihrer Ideen an der Praxis. Wie es scheint, sind sie über den sehr wichtigen Gedanken der «Doppelmacht» aber einer Meinung, die Cohn-Bendit mit den Worten proklamiert hat: «Wir können nur dann gewinnen, wenn de Gaulle mit einer Gegenmacht konfrontiert wird, und diese Macht kann sich nur auf ein Bündnis zwischen Studenten und Arbeitern gründen.» Wenn es diesmal nicht geklappt hat, dann darf man das bestimmt nicht den Studenten anlasten.

Nun zum dritten Punkt der kommunistischen Argumentation: Die Studentenbewegung sei anarchistisch, weil sie eine bourgeoise Revolte ist. Gut! Aber wie will man dann die Revolte der tschechoslowakischen und jugoslawischen Studenten erklären, die unter einem sozialistischen Regime geboren sind und von denen mehr als die Hälfte Kinder von Arbeitern und Bauern sind? Was fordern diese Arbeiterkinder? Grob gesagt, das gleiche wie die französischen Studenten, das heißt die Freiheit zur Kritik und die Selbstbestimmung. Wer Leute als «Anarchisten» bezeichnet, die gegen die stalinistischen Bürokraten und die Technokraten der Konsumgesellschaft aufbegehren und verlangen, Menschen sollten nicht länger nur Produkte oder Objekte sein, sondern Herr über ihr Schicksal, der klebt ein «Gift»-Etikett auf eine Bewegung, der man schaden will, weil sie neu, weil sie auf unverfälschte Weise revolutionär ist, weil sie die alten Apparate bedroht. Was die jungen Revolutionäre wollen, ob sie nun bürgerlicher Herkunft sind oder nicht, ist keineswegs Anarchie, sondern genaugenommen *die* Demokratie, eine wirklich sozialistische Demokratie, die noch nirgends mit Erfolg verwirklicht worden ist.

Das letzte Argument schließlich: Nur die Arbeiter könnten die Revolution machen. Meine Antwort darauf: Es gibt keinen einzigen politisierten Studenten, der jemals etwas anderes gesagt hätte. Sie alle haben immer wieder betont: «Wir können den Anstoß geben, aber die Revolution kann nur von der Gesamtheit der arbeitenden Klassen, den Arbeitern und Bauern, gemacht werden.» Damit die Studenten diesen Anstoß geben können, muß jedoch eine Übereinstimmung zwischen ihren Forderungen und denen der Arbeiter bestehen. Die Kommunisten bestreiten das und behaupten, daß die Studenten von heute, weil sie eben Bürgerkinder seien – und tatsächlich sind sie es zu 90 Prozent –, nur dieselben Klasseninteressen wie ihre Eltern vertreten könnten.

Hier zeigt sich ein mechanistisch beschränkter Marxismus. Marx sagte etwas ganz anderes, als er darüber sprach, wie die aus dem Bürgertum stammenden Theoretiker Bundesgenossen der Arbeiterklasse werden konnten, da auch ihre Probleme – als gebildete Menschen, Wissenschaftler, Angehörige freier Berufe – Probleme der Entfremdung waren. Das galt schon zu Marx' Zeiten. Es gilt heute noch mehr, da die Studenten entdecken, daß sie während ihres Studiums als Objekte behandelt werden und anschließend, wenn sie dann zur Führungselite gehören, in gleicher Weise. Damit begreifen sie, daß man ihnen ihre Arbeit genauso stiehlt wie den Arbeitern, auch wenn es auf andere Weise geschieht. Aus diesem Grunde sind die Arbeiter und die Studenten heute einander sehr viel näher, als es ihre Eltern waren.

*Mit der Mai-Krise ist etwas ganz Neues eingetreten: Die Bewegung entstand nicht, wie das in der Vergangenheit immer der Fall war, aus einer schweren ökonomischen, sozialen oder politischen Krise, sondern aus einer grundlegenden Forderung «libertären» Charakters, zu der erst in der Folge die materiellen Forderungen hinzukamen.*

Die alte Triebkraft für Revolutionen, die nackte Not, wird in der Tat abgelöst durch eine neue Forderung, die nach Freiheit. Es gab eine Zeit, in der das Problem vor allem die kollektive Aneignung der Produktionsmittel war, weil Besitz und Leitung eines Unternehmens identisch waren. Das war in der Zeit von den Anfängen des «Familienkapitalismus» bis zum Entstehen der Aktiengesellschaften und der Monopole. In dieser Zeit sind die großen sozialistischen Theorien entstanden. Sie beruhten alle darauf, daß Besitz Voraussetzung für Verfügungsgewalt ist.

Heute hat sich die Mittelschicht gewandelt, da Besitz und Unternehmensführung nicht mehr identisch sind. Das ist die Herrschaft der Technokratie: Die Eigentümer delegieren – unter der Bedingung, daß sie Dividenden erhalten – die Aufgabe der Unternehmensführung an Spezialisten, an ein qualifiziertes Management. Damit hat sich auch der Charakter der Forderungen gewandelt: Nicht mehr die Frage des Eigentums steht im Vordergrund – natürlich wird sie später wieder auftauchen, weil sie fundamental bleibt –, sondern die der Macht. In der Konsumgesellschaft will man nicht in erster Linie besitzen, sondern am Entscheidungs- und Kontrollprozeß teilnehmen.

Alle, die die Studenten beschimpft haben, haben nicht gesehen, daß die Studenten eine neue Forderung, nämlich die nach Souveränität, erhoben. In einer Demokratie müssen alle Menschen souverän sein, das heißt über ihr Tun entscheiden können, nicht einzeln, jeder in seinem Winkel, sondern gemeinsam. In den westlichen Ländern existiert diese Souveränität nur auf dem Papier: Alle Amerikaner, die Schwarzen eingeschlossen, sind souverän, weil sie das Wahlrecht haben. Aber de facto wird ihnen die Souveränität vorenthalten, und so entsteht die Forderung nach einer «Macht» – einer Black Power, einer Studentenmacht, einer Arbeitermacht.

Das gleiche gilt für viele sozialistische Länder, in denen der einzelne den Produktionszwängen unterliegt. Ich erinnere mich an ein Plakat, das

1956, nach Gomulkas Rückkehr an die Macht, überall in Polen zu sehen war; darauf stand: «Die Tuberkulose hemmt die Produktion.» Das entsprang einem richtigen Empfinden, denn es bedeutete: «Achtet auf eure Gesundheit.» Aber die Formulierung war aufschlußreich. Es ging nur um eine Sache – die Tuberkulose – und um die Produktion von Sachen. Dahinter verschwanden der Tuberkulosekranke und der produzierende Mensch. Und genau gegen eine solche Enthumanisierung revoltieren die Studenten und die jungen Arbeiter in Polen, der Tschechoslowakei, in Jugoslawien, Frankreich und Deutschland, die alle in sehr verschiedenen Gesellschaftssystemen leben. Sie wollen nicht ihre Existenz aus dem Gegenstand beziehen, den sie produzieren, oder aus der Funktion, die sie erfüllen; sie wollen selbst über die Art der Produkte und deren Verwendung und über ihre Rolle in der Gesellschaft entscheiden.

Die Studenten haben das als erste empfunden und formuliert, und sie hatten immerhin so viel Kontakt zu den jungen Arbeitern, daß diese sich sagten: «Warum nicht wir? Wenn die schon das Leben, das man ihnen bietet, ablehnen, warum lehnen wir dann unseres nicht auch ab?» Ich habe sehr stark den Eindruck, daß diese Ablehnung der proletarischen Situation durch die Jungen das bedeutendste Novum dieses Mai ist.

*Sie sprachen von der kubanischen Revolution. Sie wurde wesentlich dadurch begünstigt, daß Batista dem ganzen kubanischen Volk als Tyrann erschien. Das ist bei de Gaulle nicht der Fall. Der Unterdrückungscharakter seines Regimes wird sehr unterschiedlich empfunden, und seit zehn Jahren hat ein Teil der Arbeiterklasse für de Gaulle gestimmt.*

Das stimmt natürlich. Batista kam an die Macht, als die Amerikaner aus internen Gründen beschlossen, ihren Import an kubanischem Zucker beträchtlich einzuschränken. Für die kubanische Wirtschaft war das eine Katastrophe, und es bedeutete für eine Menge kleiner Unternehmen den Ruin. Um die großen Pflanzer zu retten und um die Ordnung aufrechtzuerhalten, bedurfte es einer Diktatur.

In einer Gesellschaft, in der es keine Wirtschaftskrisen dieser Art gibt, findet man immer viele Menschen in allen Klassen, die für die Aufrechterhaltung des herrschenden Regimes sind und deren politisches Bewußtsein schwach entwickelt ist. Man kann von einem Kleinhändler – in Anbetracht seiner Interessenlage und seines Bildungsstandards – nicht verlangen, daß er nicht mehr auf de Gaulle setzt. Er glaubt, de Gaulle verteidige die kleinen Unternehmen gegen die großen, die sie schlucken wollen. Das ist falsch. In Wirklichkeit fördert de Gaulle mit Nachdruck die Konzentration; und es sind die Großunternehmer, die immer darauf bedacht waren, eine bestimmte Anzahl kleiner Unternehmen am Leben zu erhalten, weil ihnen das die Möglichkeit gab, im malthusianischen Sinne vorzugehen, und ihnen erlaubte, ihre Preise zu halten, wobei sie sagten: «Wir wollen die Kleinen nicht ruinieren.» Aber der Kleinhändler kann das nicht durchschauen. Für ihn bleibt de Gaulle das Bollwerk gegen die Monopole.

Für die Arbeiter liegt der Fall anders. Seit 1848 und den Massakern der Pariser Commune haben sie gegenüber der Politik immer eine gewisse Gleichgültigkeit gezeigt, entsprechend der Vorstellung: «Das sind ja doch alles Schweine.» Als Napoleon III. die Macht übernahm, haben die Arbeiter kaum protestiert. Bei der Volksabstimmung im Jahre 1852 haben viele für ihn gestimmt. Warum? Weil die Republikaner, die sie aufforderten, gegen den monarchischen Präsidenten zu stimmen, dieselben Leute waren, von denen sie drei Jahre zuvor massakriert worden waren. Politik ist seither für viele Arbeiter eine Welt für sich geblieben, eine Welt, die sie nichts angeht. Der ganze Anarcho-Syndikalismus vom Anfang des Jahrhunderts ist daraus entstanden, und es sind tiefe Spuren davon in der Mentalität der Arbeiter zurückgeblieben.

Man darf den Bürger, der für de Gaulle stimmt, weil er in ihm seinen Beschützer sieht, nicht in einen Topf werfen mit dem Arbeiter, der vom «Vater de Gaulle» spricht und ihm seine Stimme gibt, weil er das «Gemauschel» der Parteien aller Richtungen nicht leiden kann und weil er auf jede Politik pfeift. Die Welt der Arbeiter ist die Arbeit. An dem Tag, an dem der Generalstreik ausgerufen wird, wird er streiken, aber mit seinen eigenen Anführern, das heißt seinen Gewerkschaftsführern. Und wenn das Regime dabei fallen sollte – um so besser. Doch bis dahin interessiert ihn das politische Spiel nicht.

*Man vermutet, de Gaulle habe die Absicht, falls die Wahlen für die Nationalversammlung erfolgreich für ihn ausgehen, in einigen Monaten eine Präsidentschaftswahl auszuschreiben, bei der er nicht mehr kandidiert. Er wolle zurücktreten, um einen Abgang «à la Louis-Philippe» zu vermeiden, was ihm vor drei Wochen noch geblüht hätte.*

Wenn seine Kandidaten bei den Wahlen 80 Prozent der Stimmen erhalten, dann würde er es wie Sulla machen, der zu seinem Volk sagte: «Seht: ich habe viel Gutes getan; jetzt ziehe ich mich zurück.» Wenn aber die Gaullisten nur eine Mehrheit von 53 oder 55 Prozent bekommen, dann wird das ein Abgang à la Louis-Philippe sein, selbst wenn de Gaulle ihn um drei Monate hinauszögert, um das Gesicht zu wahren.

Ob er geht oder nicht, die Hauptsache ist, soviel wie möglich von der großen Bewegung des Mai zu bewahren. Che Guevara hat gesagt: «Wenn auf der Straße außergewöhnliche Dinge passieren – ist das Revolution.» Bei uns hat es keine Revolution gegeben, aber außergewöhnliche Dinge haben sich ereignet; wir müssen versuchen, sie zu verteidigen.

Man muß die von den Machthabern geplante Vernichtung all dessen, was im Mai begonnen hat, verhindern. Die Repression wird heimtükkisch und hart zugleich sein: Man wird versuchen, diejenigen zu isolieren, zu zerschlagen, zu eliminieren, von denen die Revolte ausging, insbesondere die Studenten. Wichtig ist, daß sie sich nicht allein gelassen fühlen, daß wir entschlossen sind, ihnen zu helfen, sie zu verteidigen.

# Die Kommunisten haben Angst vor der Revolution

**Das folgende Interview, das Sartre im Juli 1968 dem Nachrichtenmagazin *Der Spiegel* gab, wurde für diese Ausgabe nach der 1969 bei Editions John Didier erschienenen französischen Fassung übersetzt.**

*Ende Mai schien die gaullistische Macht vor dem Zusammenbruch zu stehen. Anfang Juli, nach den Wahlen zur Nationalversammlung, die ihr hundert weitere Parlamentssitze eingebracht haben, scheint sie gefestigter denn je. Wie erklären Sie sich diesen spektakulären Wiederaufschwung? Kann man die Linke dafür verantwortlich machen und sagen, sie sei ihrer Aufgabe nicht gerecht geworden?*

JEAN-PAUL SARTRE: Das kommt darauf an, von welcher Linken man spricht. Wenn man die Parteien meint, die Organisationen, die Leute, die die «politische» Linke repräsentieren, dann ist die Antwort: ja. Es gibt aber noch eine andere Linke, die ich die soziale Linke nennen würde, jene, die man im Mai in den bestreikten Fabriken sah, in den besetzten Fakultäten, bei den Straßendemonstrationen. Diese Linke ist sehr wohl ihrer Aufgabe gerecht geworden: Sie ist so weit gegangen, wie sie konnte, und wurde schließlich nur besiegt, weil ihre «Repräsentanten» sie verrieten.

Das ist nichts Neues. Seit der Mitte des 19. Jahrhunderts klaffen in Frankreich die soziale Realität und ihr politischer Ausdruck auseinander. Zwei Erscheinungsformen Frankreichs bestehen nebeneinander, die sich nicht decken: Die Wahlergebnisse ergeben die eine; die andere liegt tiefer und blitzt nur dann an der Oberfläche auf, wenn es zu spontanen Volksbewegungen kommt. Daß diese beiden Erscheinungsformen nie identisch werden, konnte man 1936 bei der Volksfront sehen, denn die Arbeiter mußten die Fabrikbesetzungen «erfinden» und eine beispiellose Streikbewegung entfachen, um die «politische» Bewegung, die im Parlament zu einer starken linken Mehrheit geführt hatte, durch ganz bestimmte Reformen konkret werden zu lassen. Der damalige Ministerpräsident, der Sozialdemokrat Léon Blum, der auf dieser Welle an die Macht kam, hat übrigens alles darangesetzt, sie zu bremsen.

Im Jahre 1936 gab es jedenfalls einen Zusammenhang zwischen dem Wahlverhalten und der Aktion. Dieser Zusammenhang besteht mitunter nicht – das haben wir jetzt gerade erlebt. Das liegt daran, daß die Arbeiter oder die Mittelschichten nur in der Aktion radikale Positionen beziehen können; wenn man den Fehler begeht – oder zu der List greift –, ihre Bewegung auf eine Wahl zwischen politischen Apparaten zu reduzieren, kann man sie dazu bringen, in der Wahlkabine das, was sie eben noch auf der Straße getan haben, zu verurteilen.

Diesem Frankreich, das im Mai seine wirkliche «soziale Erscheinungsform» durch alle Lügen hindurch, mit denen es überhäuft worden war, wiederzufinden versuchte, das eben auf etwas Neues gekommen war und sich seiner selbst im direkten Widerstand gegen die Polizeigewalt der Staatsmacht bewußt wurde, diesem Frankreich wurde nun abrupt seine alte «politische Erscheinungsform» übergestülpt: die der KP, der Fédération de la Gauche, der PSU und all ihrer Querelen. Diese Form ist so erstarrt, daß die Kandidaten der Linken es nicht einmal für nötig gehalten haben, auch nur ein Wort in ihren Reden, die sie seit zehn Jahren halten, zu ändern. Bei der Rechten räumten ein oder zwei Kandidaten ein, «daß etwas geschehen ist, dem man Rechnung tragen müsse». Bei der Linken war es, als hätte die Mai-Bewegung überhaupt nicht stattgefunden. Auf jeden Fall mußte man sie so schnell wie möglich vergessen. Auf einem kommunistischen Plakat habe ich sogar den ungeheuerlichen Satz gelesen: Wählt die KP, die das gemacht hat . . . die jenes gemacht hat . . . und «die den Bürgerkrieg verhindert hat». Sich zu einem solchen Geständnis durchzuringen zeugt von Größe.

*Sie haben in der Vergangenheit häufig Vorbehalte gegenüber der Politik der Kommunistischen Partei angemeldet, aber Sie haben sie trotzdem für eine revolutionäre Partei gehalten, die die Sache der Arbeiterklasse vertreten hat. Haben die Mai-Ereignisse eine Änderung ihrer Meinung bewirkt?*

Ich bin der Ansicht, daß das Verhalten der Kommunistischen Partei in dieser Krise in keiner Weise revolutionär, eigentlich nicht einmal reformistisch war. Zunächst haben die KP und die CGT sich arrangiert, um die Forderungen der Arbeiterklasse auf schlichte «Lohnerhöhungen» – die natürlich legitim sind – zu reduzieren und um sie von Forderungen nach Strukturveränderung abzubringen. Dann sind sie de Gaulle nachgelaufen, sobald dieser von Wahlen gesprochen hat. Damals hörten wir Waldeck-Rochet sagen: «Etwas anderes haben wir nie verlangt.»

Die KP wurde somit objektiv zum Komplicen de Gaulles: Sie haben sich gegenseitig einen Gefallen getan, indem sie alle beide Wahlen verlangten. De Gaulle hat die KP natürlich als Feind Nummer eins bezeichnet, indem er sie wider besseres Wissen beschuldigte, Urheberin der «Mai-Unruhen» gewesen zu sein. Aber damit hat er den Kommunisten zugleich wieder zu einer Art von Prestige verholfen. Und de Gaulle war in der Tat viel daran gelegen, sie als die eigentlichen Drahtzieher der Revolte hinzustellen, gerade weil sie als loyale Gegner aufgetreten sind, entschlossen, sich an die Spielregeln zu halten – kein besonders gefährlicher Gegner also.

*Stimmen Sie denen zu, die sagen, die Partei hätte sich in dieser Angelegenheit letztlich sozialdemokratisch verhalten?*

Ich glaube, man muß sich vor vereinfachenden Etikettierungen und Urteilen hüten. Die Behauptung: «Die KP ist eine sozialdemokratische Partei geworden», nützt uns überhaupt nichts, wenn wir ihre Haltung verstehen wollen. Lohnender erscheint der Versuch zu erklären, warum sich die Kommunisten dazu entschlossen haben, sich auf Wahlen einzulassen, obwohl ihre Niederlage abzusehen war. Sie hatten zweifellos nicht damit gerechnet, daß sie so vernichtend ausfallen würde, aber mit einer Niederlage hatten sie in jedem Fall zu rechnen. Meines Erachtens haben sie sich deshalb damit abgefunden, weil sie um keinen Preis die Macht übernehmen wollten. Und dies aus zwei Gründen.

Einmal, weil die Linke nicht imstande gewesen wäre, die Versprechungen, die die Arbeiter den Unternehmern und der Regierung abgerungen hatten, zu halten. Darauf war sie überhaupt nicht vorbereitet, und die KP hatte keine Lust, sich die Verantwortung für die Preissteigerungen, die Abwertung oder die Außenhandelskrise aufzuladen, die in den nächsten Monaten unweigerlich eintreten werden. Sollten doch die Gaullisten sehen, wie sie damit zu Rande kämen!

Aber diese Katastrophen drohen uns nur deshalb, weil die Unternehmer das Profitsystem beibehalten wollen. Wenn eine sozialdemokratische oder kommunistische Regierung an die Macht käme, warum sollte sie nicht eine ganz andere Wirtschaftspolitik betreiben? Kurz gesagt: warum sollte sie nicht die Revolution machen? Damit sind wir beim zweiten Grund für die Weigerung der Kommunisten, die Macht zu übernehmen. Seit vierzig Jahren haben sie die Theorie der Revolution in den «fortgeschrittenen» Industrieländern nicht weiterentwickelt.

In einem hochindustrialisierten Land ist der Lebensstandard relativ hoch, die Wirtschaft jedoch krisenanfällig. Sie beruht auf einer technischen Organisation, die so komplex ist, daß der Ausfall einiger Teile ausreichen kann, um die ganze Maschine zu blockieren. Außerdem ist sie abhängig von einem ganzen Netz von Außenhandelsbeziehungen. In den meisten entwickelten Ländern deckt die Landwirtschaft nicht mehr den Gesamtbedarf der Bevölkerung. Um sich zu ernähren, muß man im Ausland einkaufen; um bezahlen zu können, muß man exportieren. Vollkommene Unabhängigkeit gibt es nicht mehr. Man kann heute nicht mehr die Grenzen schließen, wie es die UdSSR in ihren Anfängen getan hat, und damit rechnen, daß die Bauern das ganze Land ernähren können, während man über die Probleme eines «Sozialismus in einem Lande» sinniert. Die Revolution in Frankreich wird nicht so stattfinden können wie die in Rußland im Jahre 1917. Das heißt aber nicht, daß sie hier unmöglich wäre. Es geht einfach darum, neue Kampfformen zu entwickeln und herauszufinden, wie eine revolutionäre Macht in den neokapitalistischen «Konsum»-Gesellschaften organisiert werden könnte.

*Warum ist man dem noch nie nachgegangen?*

Weil die westlichen kommunistischen Parteien, und insbesondere die französische KP, seit 1945 vom Stalinismus darauf festgelegt waren, die Macht nicht zu ergreifen. Die Welt war in Jalta aufgeteilt worden, diese Teilung war gut, und die Sowjets respektierten bereitwillig den Vertrag. Den Kommunisten im Westen wurde also zur Auflage gemacht, nicht «zu weit» zu gehen. All die Leute, die in der französischen Partei versucht haben, das Prestige zu nutzen, das die Kommunisten durch ihre bewundernswerte Haltung während des Krieges erworben hatten, die sich um relativ revolutionäre Reformen bemüht und die Arbeiter zu größerer Kampfbereitschaft angefeuert haben, wurden von der Partei zur Ordnung gerufen, zum Schweigen gebracht, ausgeschlossen. Denn das Ziel der Partei war nicht die Revolution.

*Sie deuten den Einfluß der stalinistischen Sowjetunion auf die Haltung der KPF an. Der Einfluß der Nachfolger Stalins war vielleicht nicht weniger stark. Ich denke dabei insbesondere an die Tatsache, daß die Kommunistische Partei häufig das fortschrittliche Moment der Außenpolitik General de Gaulles hervorgehoben hat.*

Genau. Ich bin sicher, daß es die Sowjetunion sehr gestört hat, daß de Gaulle derart heftig die Kommunistische Partei attackiert hat, aber daß sie letzten Endes sehr erleichtert darüber war, daß er an der Macht geblieben ist. Jedoch muß hier eine Zweideutigkeit beseitigt werden. Zweifellos sind die von de Gaulle im internationalen Bereich bezogenen Positionen für die sozialistischen Staaten und für die Dritte Welt scheinbar von Nutzen. Aber das sind nur verbale Positionen. Ich habe nichts gegen de Gaulles Aussagen – beispielsweise über den amerikanischen Imperialismus –, aber ich werfe ihm vor, daß er Frankreich nicht in die Lage versetzt, die von ihm definierte Politik der Unabhängigkeit tatsächlich zu realisieren. Gewiß: die Führungsorgane der NATO befinden sich nicht mehr in Frankreich, aber immer noch sind wir ein Teil der NATO. Die französische Regierung führt einen Feldzug gegen den Dollar, aber die amerikanischen Investitionen in Frankreich sind weiter im Wachsen begriffen, und jeder weiß, wie sie in Schlüsselbereichen wie der Elektronik gedeihen, die unsere wirtschaftliche Entwicklung beherrschen. Die «fortschrittliche» Außenpolitik de Gaulles ist in Wirklichkeit nichts als Fassade, und das müßte die Kommunistische Partei auch aussprechen. Wenn sie das nicht tut, dann deshalb, weil sie keine eigene außenpolitische Konzeption hat und in diesem Bereich lieber im Kielwasser der UdSSR segelt. Aber es ist verständlich, daß die Sowjetunion – ohne auf die «Progressivität» de Gaulles hereinzufallen – in Frankreich lieber weiterhin einen aus der Bourgeoisie hervorgegangenen General, dessen Haltung ihr nützt, an der Macht sieht, als Waldeck-Rochet, der auf weit mehr Widerstand stoßen würde, wenn er eine den Interessen der UdSSR entgegenkommende Außenpolitik durchsetzen wollte.

*Es wird behauptet, die französische kommunistische Partei habe während der Mai-Krise nichts anderes tun können als das, was sie getan hat, weil die Arbeiter nicht mehr revolutionär seien. Sie seien zum Streik für rein gewerkschaftliche Forderungen bereit gewesen, nicht aber dazu, sich den Studenten in der totalen Ablehnung der Gesellschaft anzuschließen. Hier begegnet man wieder Herbert Marcuses Gedanken von der zunehmenden Integration der Arbeiterklasse in die Konsumgesellschaft. Marcuse spricht von «bequemer Knechtschaft», und er meint, daß revolutionäre Anstöße nur noch von gesellschaftlichen Randgruppen ausgehen können: von Studenten, Arbeitslosen, sozialen Minderheiten (den Schwarzen in den Vereinigten Staaten zum Beispiel). Sind Sie auch dieser Ansicht?*

Ich bin hier mit Marcuse nicht ganz einer Meinung. Zunächst muß man definieren, was man unter «revolutionärer Bewegung» versteht. Vorab bezeichnet dieser Begriff offensichtlich eine Bewegung, in der die Leute, wenn nicht eine Ideologie, so doch zumindest den gemeinsamen Willen zum Bruch mit dem System haben, in dem sie leben, eine Einsicht in die Notwendigkeit, neue Formen des Kampfes und der Gegengewalt zu entwickeln. Das setzt aber voraus, daß die Bewegung zumindest theoretisch die Möglichkeit hat, die Revolution zu machen.

In Frankreich gibt es 700000 Studenten. Ich sehe keine Möglichkeit, wie sie der Bourgeoisie die Macht entreißen könnten, den «Eltern» oder wer immer sie innehat – wenn sich die Arbeiter ihnen nicht anschließen. Die Studenten können ein Auslöser sein, sie haben es gerade bewiesen, das ist aber auch alles. Sie sind sich dessen übrigens völlig bewußt.

Soll die Revolution eine Chance haben, so muß man der herrschenden Macht eine Gegenmacht entgegensetzen können. Und angesichts des Repressionsapparats der besitzenden Klassen, der Regierung, der Armee, ist die einzig denkbare Gegenmacht die der Produzenten, das heißt der Arbeiter. Die einzige, aber auch die einzig wirksame Waffe des Arbeiters ist die Weigerung, der Gesellschaft sein Produkt abzuliefern. Dann nämlich steht das ganze System still. Dieser Bruch ist aber nur möglich, wenn der Produzent den Kampf aufnimmt. Zu sagen, die Arbeiterklasse, die die einzige produzierende Klasse ist, sei in den «Konsumgesellschaften» als revolutionäre Kraft aufgehoben, hieße, daß es in diesen Gesellschaften nie mehr eine Revolution geben wird. Ich weiß, daß dies Marcuses Schlußfolgerung ist. Aber ich glaube gerade, daß sie sich durch die jüngsten Ereignisse in Frankreich als falsch erwiesen hat.

Denn die Studenten sind trotz allem nicht allein geblieben. Zehn Millionen Streikende haben sich ihnen angeschlossen. Freilich nicht gleich am ersten Tag und auch nicht bis zum Schluß. Aber immerhin so schnell und so lange, daß die Arbeiter selbst darüber verblüfft waren. Sie befanden sich plötzlich, ohne es vorher miteinander abgesprochen zu haben, mitten in einer Bewegung, die sich spontan immer mehr radikalisierte und in eine neue Forderung einmündete: die Forderung nach Menschenwürde, nach Souveränität, nach Macht. Sie stürzten sich in die Aktion mit einem ganz neuen Gefühl der Freiheit, der Phantasie, ohne jedoch immer zu begreifen, wie ihnen geschah. Das sieht man daran, daß sie – jedenfalls viele von ihnen – für de Gaulle stimmten, als man ihnen das Wort erteilte und sie zur Wahl aufrief. Hier stoßen wir wieder auf das eben erwähnte Gefälle zwischen einer politisch völlig ruhigen Gesellschaft – wie wir sie jetzt wieder vor uns haben – und der gesellschaftlichen Wirklichkeit der Gewalt, die im Mai sichtbar geworden ist. Während der Aktion war alles klar. Aber als man die Arbeiter aufforderte, einen Namen über ihre Forderungen zu setzen, da antworteten sie: «De Gaulle.» Das ist der klassische Fall. Das Wesentliche ist, daß die Aktion stattgefunden hat, obwohl sie doch jeder für undenkbar gehalten hatte. Wenn sie dieses eine Mal stattgefunden hat, kann sie sich wiederholen, und das ist es, was dem revolutionären Pessimismus von Marcuse den Boden entzieht.

*Eines der wichtigsten Probleme ist sicherlich die Verbindung zwischen den «aktiven Minderheiten», besonders den Studenten und den Arbeitermassen. In der Bundesrepublik besteht diese Verbindung im Augenblick nicht: Die Mehrheit der Arbeiter steht der sozialistischen revolutionären Studentenbewegung feindlich gegenüber. In Frankreich scheint diese Verbindung auch nicht gerade leicht herzustellen zu sein.*

Das ist offenkundig. Man kann nicht behaupten, daß die Masse der französischen Arbeiter positiv zur Studentenbewegung gestanden hätte. Was geschah, war viel komplexer. Zunächst haben die Studenten mit ihrer Aktion allein begonnen. Und dann hat die große Demonstration am 13. Mai von der Place de la République nach Denfert-Rochereau stattgefunden, an der auch die Arbeiterorganisationen teilgenommen haben. Aber die CGT hat die Arbeiter straff formiert und sie fest im Griff behalten; sie wollte die Kontakte zu den Studenten einschränken und hat auch sehr bald den Befehl zur Auflösung der Demonstration gegeben. Dennoch ist es zu vereinzelten Kontakten gekommen: Am selben Abend trafen sich Arbeiter und Studenten auf dem Champ-de-Mars zu einer Diskussion. Aber sie haben nicht dieselbe Sprache gesprochen und sich erstaunt beobachtet, ohne sich zu verstehen. An diesem Abend konnte man sagen: Das war ein Fehlschlag.

Und was ist dann geschehen? Ein, zwei Tage später haben junge Arbeiter ihre Fabriken besetzt und so eine Streikbewegung ausgelöst, die sich über das ganze Land ausgebreitet hat. Sie haben es aus eigenem Antrieb getan, ohne unmittelbare Verbindung zu den Studenten, aber es ist klar, daß ihre Aktion aus der gemeinsamen Demonstration hervorgegangen ist. Die Studenten waren der Auslöser für eine Bewegung, die sich dann ohne ihr Zutun entwickelt hat. Die CGT hat ganz offensichtlich überall interveniert, um den Meinungsaustausch zwischen Studenten und Arbeitern zu unterbinden; das entsprach der Politik der KP, die stets darauf bedacht war, Intellektuelle und Arbeiter zu trennen: Man bildete Zellen an der Sorbonne, in den Wohnvierteln und in den Betrieben, aber niemals solche, in denen Arbeiter und Studenten gemeinsam gearbeitet hätten.

Die Beziehungen wurden jedenfalls, soweit sie verbal waren, durch Diskussionschwierigkeiten stark beeinträchtigt: Leute, die nicht dem gleichen Milieu angehören, haben sich nie etwas zu sagen; sie können nur gemeinsam handeln. Deshalb waren die einzigen positiven Verbindungen zwischen Arbeitern und Studenten im Mai die «revolutionären Aktionskomitees», die fast überall entstanden sind. Diese Komitees wollten nicht diskutieren, sondern handeln. Sie haben sich den streikenden Arbeitern zur Verfügung gestellt, haben ihnen beschafft, was sie brauchten, zum Beispiel Lebensmittel, und sie standen auch «Streikposten» vor den Fabriktoren. Und dabei konnten Diskussionen zustande kommen, weil eine gemeinsame Aktion vorausgegangen war.

Heute sind die Streiks zu Ende, und die Chance einer umfassenden Verbindung zwischen Studentenbewegung und den Arbeitern besteht nicht mehr. Aber ich halte das, was im Mai in Angriff genommen worden ist, keineswegs für gescheitert, weil die Beziehungen, die innerhalb der Aktionskomitees entstanden sind, weiterbestehen. Ich kenne viele junge Leute, die sich mit den Arbeitern oder den Angestellten, mit denen sie während der Streiks zusammen gekämpft haben, immer noch treffen. Die Trennmauer zwischen Intellektuellen und Arbeitern ist nicht gefallen, aber es hat sich eindeutig gezeigt, daß sie in der gemeinsamen Aktion aufgehoben werden kann.

*Was bei der Mai-Bewegung in Frankreich auffällt, ist ihr «anarchistischer» Charakter. Sind Sie der Meinung, daß er in den Bewegungen der anderen Länder ebenfalls zu finden ist und daß man von einer Revolte gegen die gesamte moderne Zivilisation sprechen kann, in den sozialistischen Ländern ebenso wie in den kapitalistischen?*

Ich glaube nicht, daß man diesen Begriff «anarchistische Bewegung» verallgemeinern kann; sie scheint mir eine spezifisch westliche Erscheinung zu sein und besonders typisch für Frankreich, wo sie an eine nicht unbedeutende anarchistische Tradition anknüpft. Man kann die Gesellschaften der sozialistischen Länder, die ich «Produktionsgesellschaften» nennen möchte, nicht auf eine Stufe mit unseren westlichen «Konsumgesellschaften» stellen. Die Probleme sind jeweils andere, und der Kampf der Arbeiter nimmt deshalb verschiedene Formen an. Aber die beiden Gesellschaftstypen haben etwas Gemeinsames: In keiner der beiden Gesellschaften «existiert» der Mensch als freies, verantwortliches Individuum. Das soll nicht heißen, daß man ihm überall – wie zum Beispiel den Schwarzen in den Vereinigten Staaten – die Möglichkeit verweigert, sich in die Gesellschaft zu integrieren. Die Sache ist komplexer.

Sehen Sie sich etwa einen Durchschnittsfranzosen an: Er ist zunächst einmal Konsument. Aber ein manipulierter Konsument, den man über seine Konsumbedürfnisse nicht frei entscheiden läßt. Man gibt ihm die Illusion, er mache von seiner Freiheit Gebrauch, wenn er das kauft, was alle kaufen. Ich habe in einer Frauenzeitschrift folgenden bemerkenswerten Satz gelesen, Teil einer Werbung für Badebekleidung: «Gewagt oder diskret, in jedem Fall ganz Sie selbst.» Anders gesagt: «Kauft, was jedermann kauft, um wie niemand zu sein.» Genau das ist der Schwindel.

Der Durchschnittsfranzose ist aber auch Produzent, und da ist die Entfremdung noch offensichtlicher. Auf allen Ebenen, ob als Arbeiter, Angestellter oder Student: auf sein Schicksal hat er nicht den geringsten Einfluß. Er ist niemals Subjekt, sondern immer nur Objekt. Man hat für ihn von außen, ohne ihn zu fragen, die Arbeit festgelegt, die er zu tun hat, den Lohn, den er bekommt, das Examen, das er machen muß. Man hat ihn einfach aufs Gleis gestellt, und andere stellen die Weichen.

In den sozialistischen Ländern ist es genauso. Mit dem einen Unterschied, daß das Ziel nicht mehr Konsum, sondern «Produktion um der Produktion willen» ist. Die Maschinerie kreist um sich selbst, und der Platz des einzelnen ist strikt festgelegt durch die für ihn abstrakten Erfordernisse eines «Plans», zu dessen Aufstellung er nichts beigetragen hat. In der Tschechoslowakei zum Beispiel hat eine Revolte gegen das entmenschlichte System der Produktion um der Produktion willen stattgefunden, die in die Forderung nach Freiheit einmündete.

*Nach der Mai-Bewegung in Frankreich hat jeder gesagt – und die Regierung hat das selbst in gewisser Weise anerkannt –, daß «nichts mehr sein könne, wie es vorher war». Sogar General de Gaulle hat im Fernsehen von einer Gesellschaft gesprochen, die «weder kapitalistisch noch sozialistisch sei, sondern auf Partizipation beruhe». Glauben Sie, daß in Frankreich wirklich ein neues System errichtet werden könnte?*

Die Regierung wird wie üblich viel von Reformen sprechen und keine einzige durchführen, die wirklich etwas ändern würde. Das Wort «Partizipation» im Mund von de Gaulle oder Pompidou besagt gar nichts. Man kann sich natürlich eine echte Partizipation vorstellen, die den Arbeitern eine reale Entscheidungsgewalt in den Betrieben sichern würde; aber die Unternehmer würden das stets ablehnen, und de Gaulle will nichts davon hören. Man wird also eine falsche «Partizipation» konstruieren, die die Vollmachten der Unternehmer in keiner Weise antastet, wie etwa die «Betriebskomitees» von 1944, die zwar nicht völlig nutzlos gewesen sind, am System jedoch nicht das geringste geändert haben.

Es stimmt jedoch, daß in Frankreich nichts mehr so sein wird, wie es vorher war, und das aus zwei Gründen. Zum einen, weil sich innerhalb der Jugend eine irreversible Politisierung vollzogen hat. Nicht nur bei den Studenten, sondern auch bei den Schülern. Es gibt Zehnjährige, die größere Geschwister haben und schon sehr genau wissen, warum sie diese Gesellschaft ablehnen. Man stößt bei diesen jungen Leuten und sogar bei den Zehnjährigen auf eine bemerkenswerte Gewalt, die keineswegs Ausdruck einer Mode, sondern eines klaren Bewußtseins dessen ist, was sie erwartet. Man zwingt sie in einen Widerspruch: Einerseits spüren sie, daß sie nur geringe Chancen haben, sich in die Gesellschaft einzufügen, weil sie auf eine ganze Reihe von Hindernissen stoßen, die im Bildungssystem eingebaut sind, um nur eine kleine Elite zur Spitze aufsteigen zu lassen; andererseits ist ihnen der Platz, den sie nach Überwindung all dieser Hindernisse erobern könnten, von vornherein verleidet, da sie hier reines Objekt, Werkzeug eines Systems sein werden, das sie für eine genau festgelegte Aufgabe «spezialisiert». Die Jugendlichen erfassen das schon sehr früh, und deshalb entdecken wir heute eine Generation von zehnjährigen Revolutionären, mit der niemand gerechnet hat.

Etwas Analoges passiert bei den jungen Arbeitern, die freilich andere Probleme als die Studenten haben, die aber zu verstehen beginnen, daß die Lohnerhöhungen, für die ihre Väter gekämpft – und die ihnen gewisse materielle Vorteile eingebracht haben: Auto, Fernsehen, Waschmaschine –, nicht der einzige Schlüssel zur Befreiung der Arbeiter sind. Auch sie fordern heute «Macht» über ihre Arbeit, über ihr Leben.

Der zweite Grund, warum nichts mehr genauso wie vorher sein wird, ist der, daß die nun zugestandenen Lohnerhöhungen das labile Gleichgewicht der französischen Wirtschaft zerstört haben. Die Unternehmer haben von ihrem Standpunkt aus nicht unrecht, wenn sie behaupten, die Wirtschaft könne diese zusätzliche Belastung nicht aushalten: Im Rahmen des gegenwärtigen Systems kann sie es tatsächlich nicht. Es ist nicht möglich, gleichzeitig die Unternehmerprofite und das gegenwärtige Preisniveau aufrechtzuerhalten – also die Konkurrenzfähigkeit der französischen Industrie innerhalb der EWG. Aber wer denkt schon daran, die Profite zu senken? Man wird also die Position der Exportindustrie durch Subventionen oder durch Steuersenkungen recht und schlecht schützen und den Arbeitern über Preissteigerungen wieder abnehmen, was man ihnen gegeben hat. Doch das wird den Arbeitern nicht verborgen bleiben. Sie werden feststellen, daß einige Monate nach einer Lohnerhöhung ihre Kaufkraft wieder auf das alte Niveau – oder noch darunter – gesunken ist. Die Arbeiter werden das nicht so leicht akzeptieren, und sehr wahrscheinlich wird hinter dem politischen Zerrbild, das die Wahlen gezeichnet haben, die Gewalt der wirklichen sozialen Kräfte auftauchen.

*Die politischen Führer der französischen Linken, Männer wie François Mitterrand, Guy Mollet oder Waldeck-Rochet, standen, gelinde gesagt, nicht an der Spitze der sozialen Bewegung des Mai. Glauben Sie, daß aus dieser Krise eine neue revolutionäre Formation, unabhängig von den alten Parteien und kämpferischer als sie, hervorgehen könnte?*

Die Kommunisten haben immer die Meinung vertreten – und das war bisher auch richtig –, daß die revolutionären Bewegungen, die vorgegeben haben, links von der KP zu stehen, zur Spaltung der Arbeiterklasse beigetragen hätten und am Ende stets «objektiv» rechts von ihr gelandet seien. Heute über diese Frage streiten heißt meines Erachtens die Frage falsch stellen. Ob man links oder rechts von der KP steht, ist unwichtig; entscheidend ist, ob man wirklich links ist.

Wer stand im Mai auf der Linken? Bestimmt nicht Mitterrand und Guy Mollet, die nur die Gelegenheit ausnutzen wollten, an die Macht zu kommen, ohne jedoch den Versuch zu machen, das radikal Neue dieser Situation zu begreifen. Bestimmt nicht die KP, die die Bewegung mit allen Mitteln gebremst hat und mitschuldig daran war, daß diese in der Wahl versackt ist. Die Kommunisten haben die studentischen Militanten, die den größten kämpferischen Einsatz gezeigt haben, ständig beschimpft. Und die *Humanité* hat lediglich mit ein paar entrüsteten Zeilen dagegen protestiert, daß die Regierung die revolutionären «Grüppchen», von denen die ganze Bewegung ausgegangen war, kriminalisiert hat.

Deswegen bin ich auch überzeugt, daß die jetzigen Führer der Linken in zehn Jahren keinerlei Bedeutung mehr haben werden, und ich sehe keine Gefahr darin, daß außerhalb der KP und links von ihr eine revolutionäre Bewegung entsteht. Ich glaube sogar, daß diese Entwicklung unvermeidlich ist und daß hierin die einzige Möglichkeit liegt, die Politik der KP «aufzubrechen», weil dann die wirklichen Revolutionäre, die noch in der Partei bleiben, Gelegenheit haben, sich Gehör zu verschaffen und eine Neuorientierung der Partei durchzusetzen.

*Wenn die französische Krise die Weltöffentlichkeit so überrascht hat, so liegt das daran, daß sich so etwas bis jetzt noch in keiner modernen Industriegesellschaft abgespielt hat. Die Frage ist jetzt, ob sich diese Krise aus einer spezifisch französischen Konstellation von historischen und sozialen Bedingungen erklärt oder ob eine vergleichbare Explosion in anderen Ländern, zum Beispiel in der Bundesrepublik, möglich ist.*

Ich bin überzeugt, daß dasselbe in der Bundesrepublik geschehen kann. Ich erinnere in diesem Zusammenhang daran, daß viele Ideen, die die französischen Studenten beeinflußt haben, von deutschen sozialistischen Studenten stammten – etwa der Gedanke, daß die Studentenbewegung nie weit kommen kann, wenn sie nicht eine Verbindung zur Arbeiterbewegung herstellt. Sie sagten mir gerade, daß diese Verbindung in der Bundesrepublik nahezu unmöglich sei. Man hat sie in Frankreich für genauso unmöglich gehalten, und trotz gewaltiger Schwierigkeiten und ohne daß man bisher sehr weit damit gekommen wäre, ist hier jedenfalls ein Anfang gemacht worden. Ich sehe keinen Grund, warum wir nicht eines Tages dem gleichen Phänomen in der Bundesrepublik begegnen sollten. Sogar im Gegenteil. Man hat in Frankreich gesehen, daß diejenigen Arbeiter, die mit dem größten Nachdruck Forderungen nach «Arbeitermacht» vertreten haben, nach Kontrolle der Betriebsführung, nach echter Partizipation an jenen Entscheidungen, die ihre Existenz betreffen, nicht die unteren Berufsgruppen gewesen sind, sondern gerade die hochqualifizierten Arbeiter mit einem relativ hohen Lebensstandard. Nun hat die Masse der deutschen Arbeiter einen höheren Lebensstandard als ihre französischen Kollegen und partizipiert in größerem Maße am Wohlstand der «Konsumgesellschaft». Vielleicht verhilft ihnen gerade dieser Umstand zu einem klareren Bewußtsein der Grenzen dieses Wohlstands und der Entfremdung, die von ihm kaschiert wird. Die französische Bewegung, von niemand vorhergesehen, hat jedenfalls etwas aufgedeckt, das in meinen Augen sehr tröstlich ist: daß nämlich keine an der Macht befindliche Bourgeoisie – sei es in der Bundesrepublik oder anderswo – von jetzt an gegen eine «böse Überraschung» gefeit ist.

*Welchen Eindruck haben Sie vom gegenwärtigen Regime der Bundesrepublik Deutschland?*

Es ist in Europa gegenwärtig das Land, das den Vereinigten Staaten am ähnlichsten ist. Sie wissen, daß ich das amerikanische System nicht besonders schätze, und deshalb finde ich es höchst bedauerlich, daß die Bundesrepublik denselben Weg einschlägt, den komfortablen sozialdemokratischen Weg. Ich bin jedoch nicht pessimistisch, was seine Zukunft betrifft, weil ich sehe, daß es jetzt ein junges Deutschland gibt, dem meine ganze Sympathie gehört: das Deutschland der sozialistischen Studenten und – auch wenn sie noch nicht sehr zahlreich sind – der jungen Arbeiter, die das herrschende System nicht länger hinnehmen.

Ich behaupte nicht, daß sie morgen die Macht übernehmen werden, aber ich bin völlig davon überzeugt, daß sie sich immer weniger isoliert fühlen werden, da sie heute bereits Teil einer großen internationalen Bewegung sind. Das Entstehen eines echten Internationalismus scheint mir das bedeutsamste Ereignis dieser letzten Jahre zu sein. Früher hat man viel von Internationalismus gesprochen, aber als nach der Pariser Commune Zehntausende von Arbeitern niedergemacht wurden, ist es außerhalb Frankreichs zu keiner einzigen Demonstration, zu keinem einzigen Solidaritätsstreik gekommen. Heute finden die Revolten, die in einem Land ausbrechen, fast noch am selben Tag ihr Echo im Ausland. Vor einer Woche beispielsweise sind die Studenten von Berkeley, Kalifornien, auf die Straße gegangen und von der Polizei verprügelt worden: Sie haben ihre Solidarität mit den französischen Studenten und Arbeitern demonstriert. Vielleicht fühlen sich die revolutionären Studenten in der heutigen Bundesrepublik allein gelassen. Aber sie wissen, daß sie in der Welt nicht allein sind und daß sie Verbündete haben in Prag, in New York, in Belgrad, in Paris, in San Francisco, in Mailand, überall. Viele revolutionäre Ideen der französischen Studenten sind aus der Bundesrepublik gekommen. Sie werden wieder dorthin zurückkehren – von Frankreich oder woher auch immer.

# Es gibt keinen guten Gaullismus

***Le Nouvel Observateur***, 4. November 1968
Dieser Text wurde auf einer Kundgebung des Komitees «Kampf gegen die Repression» in der Mutualité verlesen.

Wenn wir den Erlaß vom 12. Juni verurteilen, die brutale Ausweisung von Ausländern, die schon jahrelang in Frankreich gewohnt haben, die Entlassung von ORTF-Journalisten, die Entlassung zahlreicher Arbeiter-Militanten privater Betriebe – für die die Regierung indirekt, aber voll verantwortlich ist –, dann behaupten wir damit bestimmt nicht, daß dies vermeidbare Fehler gewesen seien und daß das Regime, wenn es sie vermieden oder wiedergutgemacht hätte, besser wäre. Mit anderen Worten: Es gibt keinen schlechten Gaullismus, und es kann auch keinen guten Gaullismus geben; es gibt eben den Gaullismus, das ist alles: Das heißt, daß das Regime seinem Wesen nach Ausdruck der herrschenden Klasse ist, die wir bekämpfen; in unserer bürgerlichen Gesellschaft – in anderen vielleicht auch, aber wir sprechen hier nur von der unseren – ist der Staatsapparat zwangsläufig in der Hand des Feindes; wenn wir die Aufhebung des Erlasses vom 12. Juni verlangen, glauben wir nicht, man könnte mit dieser Aufhebung – vorausgesetzt, wir wären in der Lage, sie von der Regierung zu erzwingen – gewisse *ratonnades** eines anderen Oktober, das Massaker von Charonne oder die Entführung Ben Barkas ungeschehen machen. Alle diese Vorgänge, die verheimlicht oder vertuscht worden sind, die wir aber nicht vergessen haben, sind direkt auf das Regime zurückzuführen; sie sind unmittelbarer Ausdruck des Regimes und verurteilen es in gleichem Maße wie die Knüppelei in der Rue Gay-Lussac.

Die Repression wird von der Klasse der Ausbeuter gegenüber den von ihr Ausgebeuteten in Permanenz ausgeübt. Sie kann, wie bei Simca, wo bewaffnete Schläger angeheuert worden sind, die Form der organisierten Gewalt annehmen; sie kann sich auf die ständige Drohung mit Entlassung beschränken, auf Schikanen, auf die systematische Isolierung des aktiven Gewerkschafters in seinem Betrieb: Sie ist allgegenwärtig, unausweichlich, weil allein die Gewalt – entfesselt oder einfach anwesend – jene andere, fundamentale Gewalt, die die Ausbeutung darstellt, aufrechterhalten und fortsetzen kann. So verstanden, ist alles – angefangen bei der Einstellung und der angeblichen Freiheit der Arbeitswahl –

* Pogrome gegen Algerier; *raton* = Ratte = Algerier.

Gewalt, die zur Repression werden kann. Die blutige und bewaffnete Repression, die Aufrechterhaltung der bestehenden Unordnung durch uniformierte Haufen, die man Ordnungskräfte nennt, ist nur eine besondere Form repressiven Handelns, dem in der Gesellschaft, in der wir leben, die Arbeiter permanent ausgesetzt sind: Das Regime ist darauf bedacht, zurückhaltend damit umzugehen, es greift nur darauf zurück, wenn es Angst bekommt und sich unmittelbar bedroht fühlt; in der Tat hat die Anwendung der Gewalt oft schlimme Folgen für die, die sie angeordnet haben. Wir alle wissen, daß seit Beginn des Studienjahres die Repression den Studentendemonstrationen jedes Mal vorausgegangen ist und sie provoziert hat, bis es gezwungenermaßen zum Aufstand kam, dem der Streik von zehn Millionen Arbeitern folgte. Ohne einige Rückzieher*, die andere als Verrat bezeichnen, müßten wir vielleicht nicht gegen die repressive Politik des Regimes protestieren, denn ohne sie gäbe es wohl keine gaullistische Politik und kein gaullistisches Regime mehr.

So ist also die offene, offizielle Repression nur ein Moment des permanenten Krieges, den das Regime gegen die Arbeiter führt, der Augenblick der Wahrheit, in dem es sich völlig unverhüllt zeigt. Und sicherlich denken viele ebenso wie ich, daß wir diese Repression nicht anprangern, um das Regime zu verbessern, sondern um bei dieser Gelegenheit seine häßliche Blöße, die es zu verbergen sucht, für alle sichtbar zu machen. Die Repression ist eine chronische und manchmal akute Form des Klassenkampfes, wie ihn die Unternehmer führen. Die Gegen-Repression muß sich ihr permanent entgegenstellen: Auch sie kann sich zuspitzen und wie im Mai Formen des Aufstands annehmen; aber wir müssen uns bewußt sein, daß unser eigentliches Ziel – über unsere unmittelbaren Ziele, nämlich die Hilfe für unsere Genossen, hinaus – der Sturz der herrschenden Klasse sein muß: Mit ihrer Zerschlagung und nur damit wird die Repression ein Ende finden. Wir müssen uns auch klar darüber sein, daß es andere Formen des Kampfes gibt, die wir gutheißen müssen, auf die Gefahr hin, uns zu widersprechen: Die Macht wird in den Betrieben und auf der Straße errungen; die heftige Reaktion der Polizei in der Rue Réaumur, die grundlosen – oder mit nur allzu deutlicher Begründung vorgenommenen – Entlassungen von Arbeiter-Militanten beweisen, daß die Staatsmacht und die Kräfte, die sie unterstützen, das genau wissen und sich darauf vorbereitet haben: Das müssen wir aufdekken und anprangern, denn sie sollen die künftige Repression einleiten.

Wir kämpfen nicht aus einer moralischen Entrüstung heraus: Wir verurteilen die herrschende Klasse und ihren Staatsapparat nicht wegen Verbrechen, deren Vermeidung möglich gewesen wäre, sondern ganz im Gegenteil wegen Verbrechen, die sie in jedem Fall begehen mußten und die deutlich zeigen, daß unser Kampf ein politischer ist.

* Gemeint sind: KP und CGT und ihr Verhalten im Mai 1968 (Anm. d. Übers.).

Deshalb, so meine ich, sollten sich unser Komitee und alle, die sich seinem Vorgehen anschließen, zwei grundsätzliche Ziele setzen – unabhängig von allen Formen des Kampfes, die sich notwendig daraus ergeben.

1. Die Bourgeoisie in ihren eigenen Schlingen fangen. Die Pseudo-Demokratien, die unter den klangvollen Namen «Dritte», «Vierte» und «Fünfte Republik» aufeinander gefolgt sind, haben eine Anzahl Gesetze erlassen, auf die sie sich etwas einbilden und die Frankreich ihrer Ansicht nach das Recht geben, seine Integration in diese Hölle von Elend und Blut zu beanspruchen, die man «die freie Welt» nennt. Einige dieser Gesetze sind reine Verschleierungen. Andere sind von der bürgerlichen Klasse und für sie erkämpft worden, als sie noch die aufstrebende Klasse war. Wieder andere – wie zum Beispiel das Streikrecht – sind sogar durch die Aktionen der Arbeiterklasse erzwungen worden. Diese Gesetze existieren noch, auch wenn keine Regierung sie jemals wirklich respektiert hat. Besonders unsere Regierung verletzt sie immer häufiger: Das beweist, daß sie sich nicht nahtlos in den Kapitalismus der Monopole und Oligopole einfügen; man verletzt sie, weil man nicht wagt, sie zu ändern. Diese Gesetze sind nicht alle schlecht, aber sie können erst dann sinnvoll werden, wenn ihnen der Sozialismus einen konkreten Inhalt gibt. Wenn wir uns auf sie berufen und uns ihrer bedienen, um die repressiven Praktiken zu verurteilen, so wollen wir sie nicht verteidigen – wenigstens nicht in ihrer jetzigen Form –, sondern wir wollen die Bourgeoisie zwingen, sich in ihren eigenen Widersprüchen zu verstricken. Eine komplette Auflage der Zeitschrift *Action* ist soeben beschlagnahmt worden: Das verbietet das Gesetz. Wenn ein oder mehrere Artikel beanstandet werden, darf die Behörde ein paar Exemplare beschlagnahmen lassen. Die *Action* strengt einen Prozeß gegen die Regierung an. Sehr gut! Damit wird in aller Öffentlichkeit gezeigt werden, daß die Herren, die uns regieren, ihre Macht mißbraucht haben; aber eigentlich geht es um das gaullistische Regime und letzten Endes um den bürgerlichen Staatsapparat: In unseren Gesellschaften ist die «Staatsmacht» per definitionem Mißbrauch der Macht. Wir müssen also alle Opfer der herrschenden Ordnung unterstützen, die gegen sie Klage führen. Diese Prozesse erschüttern die Institutionen. Wenn auch wir im Namen des Gesetzes die Aufhebung des Erlasses vom 12. Juni fordern, dann nicht aus Achtung vor einer Rechtsordnung, die auf der Ausbeutung beruht und diese garantiert; ebensowenig tun wir es, um den couragierten jungen Leuten zu Hilfe zu kommen, die sehr gut auch ohne unsere Unterstützung sich im geheimen oder offen organisieren können; wir stellen diese Forderung, um zu zeigen, daß das wenige an Freiheit, das uns in der zweiten Hälfte des 19. Jahrhunderts wohl oder übel zugestanden wurde, für die neokapitalistische Gesellschaft, in der wir leben, schon zu viel und nahezu untragbar ist.

2. Wir müssen es uns zur Pflicht machen zu informieren. Das heißt zunächst, wir müssen beweisen, daß die Repression nicht eine vorübergehende Erscheinung ist, sondern daß die Struktur des Regimes sie in Permanenz erforderlich macht. Die Entlassung der ORTF-Journalisten war notwendig, wenn de Gaulle an der Macht bleiben wollte. Sind sie Aufrührer, Aufständische oder Revolutionäre? Hat man ihnen vorgeworfen, im Fernsehen zuviel Politik gemacht oder wenigstens diese Absicht gehabt zu haben? Keineswegs: Sie wollten im Gegenteil unpolitisch sein, unparteiisch informieren, kurz: nicht mehr im Interesse der Regierung lügen. Aber wenn man ihre Forderungen erfüllt hätte, wo hätten dann die Minister ihre Lügen verbreiten können? Wo hätte sich General de Gaulle noch ungestraft der Wohltaten rühmen können, mit denen er ein Land beglückt hat, das er in Wirklichkeit nach zehn Regierungsjahren an den Rand der Revolution gebracht hat? Wo hätte er dann in aller Seelenruhe erklären können, die Kommunistische Partei sei verantwortlich für die Unruhen in diesem Frühjahr, während er genau weiß, daß diese Partei die Studenten in beleidigender Weise desavouiert hat und die Führung der Streiks nur übernommen hat, um sie rascher beenden zu können? Unsere Gesellschaft ist auf einer Lüge aufgebaut, und die Aufgabe des Staates ist es, mit Hilfe der Massenmedien diese Lüge untilgbar in jedes französische Eßzimmer zu bringen. Die Entlassung der Journalisten öffentlich zu verurteilen heißt den Defensivcharakter dieser Maßnahme aufzeigen: Der Staat kann nur lügen oder krepieren. Er wird weiterlügen, solange die Belogenen ihn nicht zum Krepieren bringen.

Aber was die Presse mit Stillschweigen übergeht und was wir alle, und zwar mit allen Mitteln, den Militanten selber zeigen müssen, ist, mit welch klarem Bewußtsein die Arbeiterklasse gegen die Repression kämpft, der sie ausgesetzt ist. Nichts wäre abwegiger als die Annahme, das Proletariat sei enttäuscht, verunsichert, würde zu Kreuze kriechen. Fast überall gibt es wilde Streiks, die hartnäckig geführt werden; in einer Provinzstadt haben die Belegschaften sämtlicher Betriebe die Arbeit eingestellt, um gegen die Entlassung eines einzigen Arbeiters zu protestieren. Die Militanten stellen einen überall nicht zu unterschätzenden Faktor dar; aber da sie über die allgemeine Lage und über den Kampf in den Betrieben der anderen Departements nicht informiert sind, besteht die Gefahr, daß sie den Kampf unkoordiniert führen und sich manchmal isoliert fühlen. Ich bin sicher, bald wird ein Mitteilungsblatt herauskommen, das keine politische Analyse, dafür aber alle notwendigen Informationen von den Militanten für Militante enthält, damit auf diese Weise in ganz Frankreich eine Arbeiterklasse, die ihre Stärke und ihr Selbstbewußtsein bewiesen hat, die Voraussetzungen schaffen kann für den wirklichen Kampf gegen die gaullistische Repression, das heißt für eine umfassende und koordinierte Aktion.

# Der Erzählungsband «Die Mauer» am Gymnasium

***Le Monde***, 18. Januar 1969

In Vernon sind in einem großen Gebäude das humanistische und das technische Gymnasium untergebracht. Monsieur Canu ist Hilfslehrer und für den Unterricht in Französisch, Geschichte und Geographie an der Klasse BEP 1 (technischer Zweig)* zuständig. Der Lehrplan für Französisch ist ziemlich allgemein gehalten: Die Schüler sollen sich mit Hilfe der zeitgenössischen Literatur eine Vorstellung von den großen Fragen der Zeit verschaffen. Monsieur Canu stellte seinen siebzehn- bis achtzehnjährigen Schülern folgende Aufsatzthemen: «Lesen Sie ‹*Die Mauer*› von Sartre und sagen Sie Ihre Meinung dazu», «Was ist Werbung?», «Kindheit und Jugend Tolstois». Ab und zu ließ er einen Gedanken eines zeitgenössischen Autors interpretieren. Das Aufsatzthema ‹*Die Mauer*› wurde im Oktober gestellt, die Arbeiten wurden am 8. November abgegeben. In der Zwischenzeit hatte die Direktorin Monsieur Canu zu sich gebeten und ihm erklärt, er habe, als er den Schülern mein Buch zur Lektüre aufgegeben habe, *«seine pädagogischen Pflichten gröblich verletzt»*. Nach der Unterredung fügte sie hinzu, «der Fall sei damit begraben».

Am 6. Dezember fordern Lehrer und Schüler von der Direktorin die Einberufung der Vollversammlung, um anstehende pädagogische Probleme zu erörtern. Als sie ablehnt, wird ein viertelstündiger Streik beschlossen, bei dem einige Lehrer – unter ihnen Monsieur Canu – kurz das Wort ergreifen.

Einige Tage darauf kommt der Schulrat nach Vernon, läßt die Vertrauensleute der Klasse von Monsieur Canu kommen, zwei Mädchen, und stellt ihnen Fragen über das, was er die «‹*Mauer*›-Affäre» nennt. Schlicht gesagt, ein polizeiliches Verhör mit der Aufforderung zur Denunziation. Welche Methoden hat Monsieur Canu angewandt? Was für ein Verhältnis hatte er zu seinen Schülern? Welche Passagen des inkriminierten Buches hatte er im Unterricht gelesen? Hat eine ihrer Mitschülerinnen in ihrem Aufsatz oder im Gespräch die «rohen», «gewagten» Details dieser Erzählungen erwähnt? Er versuchte, ihnen die Äußerung zu entlocken, daß eine von ihnen wenigstens «schockiert», «verstört» gewesen sei, um

* Brevet d'études du premier cycle: entspricht in Deutschland etwa der mittleren Reife (Anm. d. Übers.).

dadurch Anhaltspunkte für seine These zu gewinnen: Monsieur Canu hat, indem er sehr jungen Menschen dieses Werk zugänglich gemacht hat, fahrlässig oder absichtlich eine «psychologische Wirkung» ausgelöst. Die beiden Mädchen konnten jedoch keine Aussage machen, die ihn zufriedengestellt hätte. Er insistierte nicht weiter, nachdem er von ihnen absolutes Stillschweigen verlangt hatte, «um den Skandal zu vermeiden».

Kurz darauf war der Skandal da: Nach einer Unterredung mit der Direktorin und dem Schulrat, der ihm sagte, er sehe sich gezwungen, die Sache bei der Schulbehörde zu melden, und ihm ankündigte, die «Affäre» werde durch einen Verweis geahndet werden, wurde Monsieur Canu schriftlich seine Versetzung mitgeteilt: Der Brief nahm Bezug auf die vorausgegangene Unterredung, gab aber keinerlei Grund für die Versetzung an, sondern betonte nur, sie sei als Strafe gedacht. Man ersetzte Monsieur Canu durch einen Hilfslehrer, den man aus einer südfranzösischen Stadt kommen ließ und der am liebsten dort geblieben wäre. Die Schüler des technischen Gymnasiums und ein Teil der «Humanisten» beschlossen zu streiken und besetzten das Schulgebäude. Das hatte eine Demonstration einiger Eltern zur Folge: Eine Gruppe von ihnen wollte in die Schule eindringen und «den Streikenden in die Fresse hauen». So weit kam es zwar nicht, aber sie verzogen sich erst, nachdem sie gegen Monsieur Canu und gegen den Autor der *‹Mauer›* die übelsten Beschimpfungen ausgestoßen hatten. Der Schülerstreik wurde vorläufig abgebrochen. Die Lehrergewerkschaften beschlossen, nach einer fünftägigen Vorwarnung, also am 17. Januar, ebenfalls in den Streik zu treten. Soweit die Fakten. Sie sprechen für sich selbst. Folgendes wird an ihnen deutlich:

Erstens sind die Gründe für die Versetzung politischer Art. Die «Affäre» war «begraben» worden. Man grub sie wieder aus, nach dem symbolischen Streik vom Dezember und der «Wortergreifung» von Monsieur Canu. Man warf ihm vor allem vor, für seine Schüler *Le Monde* abonniert und ihnen die Aufgabe gestellt zu haben, *an Hand dieser Zeitung* wöchentliche Berichte über aktuelle Probleme zu schreiben. Er war verdächtig, weil er auf den Unterricht nach Vorschrift – auf «das Soll», wie die Schüler sagen – verzichtet hatte, kurzum, weil er begriffen hatte, daß er als Lehrer den Mai-Ereignissen Rechnung tragen mußte. Es steht indessen außer Zweifel, daß er seine Kompetenzen nicht überschritten hat. Sein einziger Fehler war es gewesen, daß er einen modernen Unterricht an einer erzreaktionären Schule halten wollte, deren Verwaltungsrat – zu dem zufällig Monsieur Tomasini gehört – fest entschlossen ist, das Bildungsreformgesetz* zu torpedieren.

* In Vernon hat man soeben beschlossen, daß das außerschulische Verhalten der Schüler Konsequenzen *innerhalb der Schule* habe. Monsieur Tomasini ist UDR-Abgeordneter. (Zum Bildungsreformgesetz: Vgl. «Die geprellte Jugend». Anm. d. Übers.).

Aber man muß auch feststellen, daß der Vorwand, den man sich ausgesucht hat, nicht ganz harmlos ist: Er bedeutet die Indizierung eines Taschenbuches, das in zahlreiche Sprachen übersetzt worden ist und von dem es im Ausland sogar Schulausgaben gibt. An vielen Oberschulen wäre dieses Verbot zum Glück grotesk, und meine Bücher, wie die aller zeitgenössischen Autoren, sind dort Gegenstand von Aufsätzen, Referaten oder Diskussionen. Vor kurzem bekam ich einen Brief von einer fünfzehneinhalbjährigen Schülerin der Tertia, die ein Referat über meine Ideen machen muß und mich um Auskunft bittet. Sie liest diejenigen meiner Werke, die als Taschenbuch erschienen sind, und erwähnt unter anderem ‹*Die Mauer*›. Wenn die Entscheidung des Schulrats auch in anderen Departements Schule machen sollte, befänden wir uns allmählich auf dem Weg zu den Bücherverbrennungen im Hitler-Deutschland. Man weiß, was danach kam.

Die «psychologische Wirkung», auf die der Schulrat spekuliert hatte, ist nicht bei den jungen Leuten eingetreten, sondern bei einigen Eltern. *Sie* waren obszön und haben sich auf das Buch gestürzt, um darin die «gewagten» Stellen aufzuspüren; daraufhin beeilten sich die jüngsten unter den Oberschülern, das Buch zu kaufen, weil sie auch ihren «Spaß» haben wollten. Das Buch verkauft sich sehr gut in Vernon, aber mir wäre im Augenblick lieber, man hätte in der ganzen Stadt kein einziges Exemplar verkauft. Wenn ich das groteske Getue gewisser Erwachsener mit der ernsthaften und zutiefst anständigen Wißbegierde vergleiche, von der die in der Klasse von Monsieur Canu geschriebenen Aufsätze zeugen, in die ich Einblick nehmen konnte, dann bin ich nicht sehr stolz darauf, berühmt zu sein. Ich will nicht behaupten, daß alle Schüler alles in den fünf Erzählungen begriffen hätten. Sicher ist aber, daß es ihr Hauptanliegen war, den inneren Zusammenhang zu entdecken, den Sinn insgesamt herauszuarbeiten, um daraus möglicherweise einen intellektuellen oder moralischen Nutzen zu ziehen. Gegen diese Jungen und Mädchen nämlich, die auf bewegende Weise aufrichtig sind, richten sich die unverschämten Angriffe der Schulbehörden. Die Lektüre ihrer Aufsätze vor allem hat mich zum Protest bewogen, zumal die Provokation nicht von ungefähr kommt. Eine Mutter hat die Katze aus dem Sack gelassen. Als man zu ihr sagte: «Mit siebzehn Jahren sollte man die Schüler doch lesen lassen . . .» unterbrach sie schroff: «Meinetwegen, wenn sie ins ‹Humanistische› gehen. Aber vergessen Sie nicht: Die hier sind vom ‹Technischen›.» Die vom «Technischen» wiederum: Ihre Väter sind Arbeiter oder Angestellte mit bescheidenem Lohn. Sie werden also nie «Erben» sein. Einer vom «Humanistischen», das ist ein Bürgerkind: Die bürgerliche Erziehung ist ein wirksamer Schutz vor subversiven Ideen. Aber ein Arbeiterkind *gleichen Alters* hat nicht das Recht auf die gleiche Lektüre. Riecht dieser «Aufruhr» von Vernon nicht nach Rassentrennung?

Man muß auch auf die Lage der sehr zahlreichen Hilfslehrer in Vernon hinweisen. Sie werden, wie man ihnen sagt «*auf Widerruf*» eingestellt. Das heißt: Ohne jede Angabe von Gründen können sie versetzt oder entlassen werden. So gesehen erscheint die ungerechte Behandlung von Monsieur Canu in ihrem wahren Licht: Sie ist ein Einschüchterungsmanöver. «Wenn Sie nicht vernünftig sind, verlieren Sie auf der Stelle Ihren Arbeitsplatz.» Man kann sich die Personalakte vorstellen, die Monsieur Canu nach Evreux nachgeschickt worden ist, und die Überwachung, der er ausgesetzt sein wird. Außerdem ist zu befürchten, daß sein Vertrag im kommenden Oktober nicht verlängert wird. Ein bißchen Terror kann nie schaden, nicht wahr?

Ich glaube nicht an die «Reform», die Monsieur Edgar Faure vorgeschlagen hat. Aber ich glaube, daß er aufrichtig dafür eintritt. Und ich erlaube mir, ihn zu fragen, ob er weiß, daß das Gymnasium von Vernon die neuen Rechte, die ihm gegeben worden sind, dazu benutzt, das Bildungsreformgesetz zu torpedieren und zu einer autoritären Herrschaftsform zurückzukehren, die womöglich noch schlimmer ist als alles Vorhergegangene.

# Die geprellte Jugend

***Le Nouvel Observateur*, 17. März 1969**
**(Gesprächspartner: Serge Lafaurie)**

S. LAFAURIE: *Die «Linksradikalen», die gegen die Reform Edgar Faures sind, finden in der Öffentlichkeit wenig Beifall. Könnten die «Protestler» die Reform, statt sie zu bekämpfen, nicht als Sprungbrett benutzen, auch wenn sie sie für unzureichend halten?*

JEAN-PAUL SARTRE: Ich persönlich glaube, daß die Reform – strenggenommen – den Studenten nichts einbringt und daß gerade die «Linksradikalen» klarsehen; aber bevor ich Ihnen meine Ansicht darlege, möchte ich ein Wort zu ihrer Isolierung sagen. Sie rührt zunächst daher, daß die Presse polemisiert, statt zu informieren, und alles tut, um die protestierenden Studenten als gefährliche Nihilisten hinzustellen, die aus purem Vergnügen die schönen Gebäude demolieren, die man für sie gebaut hat. Aber diese Isolation rührt auch daher, daß die Studenten selber ihre Positionen nicht immer schlüssig klarzumachen verstanden haben – und zwar deshalb nicht, weil solche Erklärungen sie im Grunde nicht mehr interessieren. Sie halten sie einfach nicht mehr für sinnvoll. Sie sind an einem Punkt angelangt, an dem ihrer Ansicht nach nur noch die Aktion zählt.

Warum? Weil sie meinen, man habe im Mai zuviel geredet, vor allem sie selbst. Sie sind des Redens überdrüssig und wollen ein neues Verhältnis von Theorie und Praxis: An einer Kritik der bürgerlichen Strategie im Juni 1968 und in den folgenden Monaten sind sie nur noch interessiert, wenn sich für sie daraus Prinzipien für ihr Handeln ergeben. Es geht ihnen nicht mehr um bloße Theorie. Im Grunde wissen sie, was sie wissen müssen: Wissen an sich hat für sie keinerlei Bedeutung. Sie sind der Meinung: Wissen wird nicht durch Wissen, sondern durch Praxis verändert. Wenn man die Dinge so zeigt, dann wird klar, daß sie recht haben. Es gibt keine Geschichte der Ideen, hat Marx gesagt. Gegenwärtig regt sich alle Welt auf, weil die Träger der Kultur nach ihm wiederentdeckt haben, daß ein dialektisches Verhältnis zwischen Kultur und Praxis besteht und daß diese jene unwiderruflich verändert.

Neulich habe ich an einer Versammlung in der Mutualité teilgenommen. Nur Professoren und Studenten: Ich merkte gleich zu Beginn, daß ich hier nichts verloren hatte. Jemand hatte mit Bleistift auf das Pult neben dem Mikrophon geschrieben: «Sartre, sei klar, sei kurz: Wir wollen über unser Aktionsprogramm diskutieren.» Aktionsprogramm –

das war nicht meine Sache: Das können nur gleichaltrige Genossen diskutieren, die die gleichen Interessen haben. Ich habe ihnen also nur gesagt, sie müßten die Presse auf deren eigenem Terrain bekämpfen, den Arbeitern und selbst den Kleinbürgern erklären, warum sie die Bildungsreform von Faure ablehnen. Aber ich habe sie enttäuscht und kann das auch verstehen: Über ihre Genossen war soeben ein willkürliches Urteil gesprochen worden; für sie ging es darum, auf Gewalt mit Gewalt zu reagieren, und nicht, ein Gesetz zu analysieren.

Genauso nämlich sollen sie geprellt werden: Die Gewalt, der sie ausgeliefert sind, wird definiert und durch die Bildungsreform institutionalisiert. Wer weiß heute eigentlich, daß die Machtvollkommenheit der Rektoren, angefangen bei der Möglichkeit, Studenten nach Gutdünken zum Wehrdienst zu schicken, bis hin zur Befugnis, Polizeianwärter als Pedelle an der Universität einzustellen, erst durch das Faure-Gesetz geschaffen worden ist? In der Öffentlichkeit gilt dieses Gesetz als Reformversuch, als eine Bemühung der Regierung, den mutmaßlichen Forderungen der Studenten Rechnung zu tragen; dagegen halten es die Studenten für eine hinterhältige, jedoch wirkungsvolle Methode, die «Ordnungskräfte» auf Dauer in die Universität einzuschleusen.

In der Öffentlichkeit herrscht die Ansicht, die Studenten sollten die Regierung beim Wort nehmen und durch «Partizipation» deren Reformen radikalisieren. Nach Ansicht der Studenten – jedenfalls der aufgeklärten – überträgt die Bildungsreform der Verwaltung diktatorische Vollmachten. Gegen das verschleierte oder offene Wiederaufleben der Gewalt an der Universität gibt es nur eine einzige Antwort: die Gegengewalt. Und diejenigen, die sich einbilden, sie könnten das Regime von innen heraus verändern, sind Betrogene oder Betrüger wie alle «Zentristen» und können als Entschuldigung nicht einmal Naivität anführen.

Diskutieren, erklären – wozu? Kämpfen, sich zur Wehr setzen – das ist die Taktik. Doch leider wollte die Regierung genau diese Taktik provozieren: Presse, Rundfunk, einige gezielte Polizeieinsätze in Nanterre oder in Vincennes, die Verbreitung falscher Berichte – das allein wird ausreichen, um die Studenten in ihre Gettos zu sperren. Sie haben völlig recht, wenn sie sich dort verbarrikadieren. Gleichzeitig haben sie unrecht: Ich weiß nicht, welche zweifellos verständliche Verbitterung – doch Verbitterung gehört zum Los des Politikers, der sie entweder überwinden muß oder seinen Kohl pflanzen – sie davon abhält, sich den Arbeitern verständlich zu machen und auch jenen Teil des Kleinbürgertums zu überzeugen, der im Mai 1968 auf ihrer Seite stand.

Kämpfen, ja, das muß man: Gewalt gegen Gewalt. Kämpfen und erklären: Ihr werdet die Revolution nicht allein machen. Es wäre eine gute Arbeitsteilung, wenn wir Alten – leider nicht alle –, die wir auf eurer Seite stehen und für den ständigen Kampf nicht mehr jung genug sind, den Leuten eure Haltung erklären. Ihr werdet sagen: «Unsere Haltung?

Es gibt nichts, was uns ganz und gar gemeinsam wäre.» Doch es gibt immerhin *eine* Gemeinsamkeit, die einzige, auf die wir uns stützen können: Die revolutionäre Weigerung, die Ablehnung jeglicher Partizipation.

Was man den Leuten begreiflich machen muß? Zunächst einmal folgendes: Im Jahre 1969 wird ein junger Student oder eine junge Studentin weder aus romantischen Gefühlen zum Revolutionär noch aus dem törichten Starrsinn heraus, mit dem Anouilh seine Antigone sagen läßt: «Ich will alles, und zwar gleich»; auch nicht, weil ihre Eltern revolutionär oder reaktionär sind oder weil sie an einem schlecht bewältigten Ödipuskomplex leiden, und auch nicht, weil die Revolution so amüsant wäre. Es ist weder lustig noch einfach, sich sämtliche Knochen brechen oder den Schädel einschlagen zu lassen; auch ein Hungerstreik ist kein Vergnügen, er ist eintönig und langweilig. Es ist stumpfsinnig, nach so vielen Anstrengungen ein Jahr lang ununterbrochen hinter Kasernenmauern in Ostfrankreich zu sitzen, Unteroffizieren ausgeliefert, die Intellektuelle nicht besonders schätzen und es sich zur Aufgabe machen, die Studenten das fühlen zu lassen.

Man wird revolutionär, wenn einem die Luft zum Atmen genommen wird; und auch wenn die Reform, die einem nach einer Revolte vorgeschlagen wird, eine Farce, eine reine Verschleierung ist, weil es die einzige Konzession ist, die das Regime machen kann, ohne das Gesicht zu verlieren. Wenn 700000 Studenten begriffen haben, daß das Regime weg muß, wenn man nicht das Teufelsgeld von ihm annehmen will, das sich sofort in Laub verwandelt, dann gibt es nur drei Möglichkeiten: Sich aufhängen – aus Ekel vor der Gesellschaft; sich verkaufen – das heißt, auf alles scheißen und sich vielleicht in ein paar Jahren doch noch aufhängen; oder aber sich zusammenschließen, sich die Kraft der Verweigerung bewahren, einen Kleinkrieg gegen die Alten führen, die sie bevormunden, sich so schnell wie möglich mit den Arbeitern verbinden, der wichtigsten Kraft der Revolution, und das Regime in die Luft jagen.

Das wird nicht schon morgen geschehen. Aber vielleicht übermorgen. Entweder das oder der Faschismus. Oder vielleicht zuerst der Faschismus, dann das andere. Väter, vergeßt nicht: Eure Kinder sind eure Zukunft. Es hängt allein von euch ab, ob ihr sie im Namen des Humanismus ins Verderben treibt, ob sie euch, eine verlorene Generation, dem Vergessen überlassen, das ihr verdient, oder ob sie euch vor dem Nichts erretten – denn aus eigener Kraft werdet ihr euch nicht retten können; soviel ist sicher. Denkt jedenfalls daran, daß es eurer Feigheit zuzuschreiben ist, wenn eure Söhne Revolutionäre geworden sind. Sie werden euch nichts erklären; Worte sind im Mai genug gefallen, sie haben sich damit besoffen, jetzt haben sie diesen verhärteten, vermoderten, zerschundenen Kindern, die man Erwachsene nennt, nichts mehr zu sagen. Doch *wir* werden es euch erklären, wir, ein paar Erwachsene, die nicht ganz so

*Macht unsre Bücher billiger! . . .*

verfault oder sich zumindest ihrer Fäulnis einigermaßen bewußt sind.

Begreift ihr eigentlich, was das in Frankreich heißt: Kulturrevolution? Am Anfang steht die Ablehnung der Ausbildung, wie sie an den französischen Universitäten erteilt wird. Sobald die Studenten sich an die Arbeit machen, stellen sie fest, daß ihre Ausbildung ausschließlich auf die Heranbildung von Führungskräften im Interesse der Privatindustrie zugeschnitten ist und in ihrer gegenwärtigen Form nicht einmal diese Aufgabe erfüllen kann.

Dieser Widerspruch tritt offensichtlich in den Geisteswissenschaften – Philosophie, Soziologie, Psychologie, Geschichte, Literatur – am schärfsten zutage. Ein zukünftiger Diplomlandwirt oder ein zukünftiger Mathematiker kann in der sogenannten Konsumgesellschaft um den Preis seiner totalen Entfremdung vielleicht über eine gewisse Macht verfügen. Aber ein «Geisteswissenschaftler»? Ihm hatte es zweifelllos der «humanistische Mythos» angetan, der aus dem Anfang des vorigen Jahrhunderts stammt und auf den sich die Universität beruft, wenn sie unter der Bezeichnung «Bildung» ein angeblich wertfreies Wissen vermittelt. Was wird man aus ihm machen? Einen Lehrer? Vielleicht: Und so erneuert sich der Lehrkörper, ohne sich zu ändern.

Aber warum dann eigentlich noch diese Fächer lehren? Und was wird aus denen, die nicht Lehrer werden? Bestenfalls Test-Psychologen, Public-Relations-Leute, Werbetexter. Die Studenten der Geisteswissenschaften haben den Schwindel aufgedeckt: Wenn Tests verlangt werden, sagen sie, dann lernen wir eben die Tests. Gleichzeitig aber lehnen die meisten das vorgefertigte Leben ab: Von ihnen, den Entfremdeten, den Komplicen des Unternehmers, wird verlangt, daß sie sich bis zur Pensionierung zu Bütteln des privaten Unternehmertums machen; von ihren Tests und ihren Gutachten wird es unter anderem abhängen, ob Führungskräfte befördert oder ausgeschieden werden. Führungskräfte, Büttel, Büttel der Führungskräfte: Nein, danke! Sie haben kein Interesse an dieser rosigen Zukunft.

Zumindest sollte man mit offenem Visier kämpfen können: Die politisch am meisten Engagierten planen, das *human engineering* zu bekämpfen, indem sie sich dessen Methoden aneignen, um sie gegen dieses selbst zu richten. Ist das machbar? Ich weiß es nicht, und das ist auch nicht meine Aufgabe. Jedenfalls ist es eine radikale und zweckmäßige Form des Kampfes. Nur müßten die Positionen der Arbeitgeber sichtbar sein, sichtbar auch ihre Beziehungen zu den Professoren. Doch man kann nichts erkennen: Dichter Nebel – eine Ratte läuft durch ein Labyrinth, ein Knochen muß bestimmt werden, man interpretiert Baudelaire, *Andromaque* wird erläutert. Die Sinnlosigkeiten solcher Beschäftigungen werden nicht nur den Literaturstudenten bewußt: Sie widern bereits die Schüler an, ja selbst die Lehrer.

Was denn? Die Schüler verabscheuen Baudelaire? Keineswegs! Sie lesen ihn vielleicht daheim, und zwar mit Begeisterung. Aber mit fünfzehn oder mit zwanzig Jahren finden sie es einfach absurd, daß man ihnen Baudelaire in der Schule vorinterpretiert. Sie kennen den Kampf, der bereits im ersten Jahr der Oberschule einsetzt – den Kampf zwischen den Anwerbern von Führungskräften und ihnen selbst, nämlich den Kindern, die in den Dienst einer Gesellschaft treten wollen – allerdings nicht der bestehenden – und die die Selektion ablehnen, die nach Abschluß ihrer Ausbildung dem Anwerber die erforderliche Anzahl Angeworbener liefern soll. Sie wissen, sie spüren, daß der Kampf in jedem Moment des Unterrichts stattfindet, daß eine gegen die Selektion gerichtete Strategie und Taktik von ihnen ein ernsthaftes, praktisches Engagement fordert; sie bekommen die Auswirkungen einer ihnen feindlichen Aktivität zu spüren. Durch die harten Schläge und die Mißerfolge eignet man sich stillschweigend die Techniken des Feindes an, man lernt, das Kräfteverhältnis richtig einzuschätzen.

Der Lehrer redet unterdessen von Baudelaire. Genau das können diese Jungen nicht länger ertragen: Eine Abhandlung über eine Abhandlung – das ging noch an zu Zeiten, als Bildung noch den Anspruch erhob, Kontemplation zu sein, als es das Ideal des *honnête homme* war, über Worte zu reden, die andere interpretierten, und so fort, *ad infinitum*, mit der Gewißheit, daß, wenn er ein wenig Selbstbewußtsein besaß, später andere kommen würden, die über seine Worte sprechen würden, und wieder andere, die deren Worte kommentieren würden. Heute ist Schulbildung ein Kampf bis aufs Messer; Wissen ist ein Monopol und dient zur Aussonderung. Aus diesem Grunde sind die jungen Leute strikt gegen jede Sekundärabhandlung. Baudelaire lesen – das genügt; über ihn sprechen – nein. Hat er nicht gesagt, was er zu sagen hatte? Und seine Umwelt? Seine Zeit? Seine Familienverhältnisse? Seine Beziehungen? Die Einflüsse, die auf ihn wirkten? Das ist es gerade, wogegen sie sich auflehnen und wovon sie nichts mehr wissen wollen; das Geburtsdatum, das Todesjahr, sogar die Namen der Frauen, die Baudelaire geliebt hat – all das sind Selektionskriterien: In sechs Monaten, in einem Jahr, muß man sie auswendig wissen; andernfalls fällt man durch.

Baudelaire interpretieren zu wollen ist ein lächerliches Unterfangen. Irgend jemand hat zu Breton gesagt: «Saint-Pol Roux hat sagen wollen . . .» – «Nein, mein Herr», donnerte Breton, «wenn er es hätte sagen wollen, hätte er es gesagt.» Dieser Satz kennzeichnet die Einstellung der heutigen jungen Leute: Wenn Baudelaire das gesagt hat, was er hat sagen wollen, und wir es nachlesen können, wie überflüssig und vermessen ist es dann, aufdecken zu wollen, was er eigentlich sagen wollte! Ein Gedicht ist für sie ein eigenständiges Objekt; in gewisser Weise ist es die Stille: Es macht ihnen Freude, darin einzudringen, es herauszuschälen, aber ohne großen Kommentar, schweigend.

Diese Ablehnung des Wortes kann noch weitergehen. Ein Lehrbeauftragter in Nanterre fragt seine Studenten, worüber sie mit ihm reden möchten. «Über das zeitgenössische Theater.» In der folgenden Woche kommt er gründlich vorbereitet wieder in die Klasse: «Sollen wir über Brecht sprechen?» Schallendes Gelächter: «Brecht, dieses verstaubte Museumsstück! Warum nicht gleich Racine?»

«Gut», sagt der Dozent, «was würden Sie dann zum Living Theater sagen?»

«Warum nicht?» antworten die Studenten. «Aber das Living Theater interpretiert man nicht: Man macht es.» Und sie fingen an, sich auszuziehen.

«Ich sehe schon», sagte der Dozent im Weggehen, «ihr kommt gut ohne mich aus.»

Ich möchte betonen, daß dieser Dozent sehr beliebt war: Die soeben geschilderte Szene ist nicht gegen ihn gerichtet gewesen. Aber man darf darin auch nicht irgendeinen Klamauk ohne Sinn und Verstand sehen. Hier stehen sich deutlich zwei Auffassungen von Bildung gegenüber: Die eine bleibt trotz allem theoretisch, während die andere, wenn auch noch unklar, eine praktische Bedeutung hat. Die Studenten wollten zwar etwas über das Living Theater lernen, aber das hieß für sie: lernen, es zu machen. Wären einige Schauspieler dieser Truppe dagewesen, dann hätten sich die jungen Leute bereitwillig und sicherlich mit Vergnügen die Grundzüge dieses Berufs angeeignet. Bildung heißt also: eigene Erfahrungen machen. Dabei ist vor allem der praktische Unterricht von Bedeutung: Körperübungen etc.; dann wird sich die Phantasie entfalten, wird sich die Möglichkeit ergeben, jederzeit zu mehreren eine Aufführung des Living Theater nachzuvollziehen. Auf diese Weise gelangt man ganz gewiß zu einem Verständnis dieser Form des Theaters. Aber dieses Verständnis bleibt ein stillschweigendes und zeigt sich nicht im Wort. Man lehnt es ab, die Ursprünge und die Entwicklung des Theaters, mit dem man sich beschäftigt, kennenzulernen. Das wäre ein verbales Wissen. Doch man erwirbt eine körperliche Ausdrucksfähigkeit.

Das ist ein Extremfall. Die Frage ist nicht, ob sie Recht haben oder nicht, sondern es geht darum festzustellen, daß die Situation innerhalb der Universität bei den Studenten eine neue Auffassung von Theorie und Praxis hat entstehen lassen. Ist sie eigentlich so neu? Wer sagte denn: «Die Philosophen haben die Welt nur interpretiert, es kommt darauf an, sie zu verändern»? Sicher, um sie zu verändern, muß man sie interpretieren. Aber eben zum Zwecke der Veränderung. Die Studenten lehnen ein Wissen ab, das wortreich und nutzlos ist – oder ihnen wenigstens so vorkommt. Ein Professor, der in Vincennes Geschichte lehrt, hat mir erzählt, seine Studenten interessierten sich nur für zwei Themen: den Gaullismus und den Kommunismus seit 1945. Er hatte sie darauf aufmerksam gemacht, daß diese Bewegungen ihre Geschichte haben, daß der französische Kommunismus auf dem Kongreß von Tours entstanden ist und daß der Gaullismus seit 1940 sich in bestimmten sozialen Schichten verbreitet hat, die man sinnvollerweise vorher untersuchen müsse. Das interessierte sie nicht. Sie wollten nur über diese beiden politischen Kräfte diskutieren und darüber, welchen Einfluß sie heute auf ihr Leben ausüben.

Das nennen manche «Politisierung» der Vorlesung. Sie sind einfach mißtrauisch: In der herkömmlichen, von oben verordneten Ausbildung, die keine reale Beziehung zu den Sorgen und Interessen der Studenten hatte, ging man bis zur Sintflut zurück, um die Gegenwart zu erklären. Nun erklärt die Sintflut aber nichts, und außerdem kommt man meist nicht viel weiter. Die Sache ist schwierig, denn es gibt andererseits Ereignisse, auf die man zurückgehen muß, wenn man nicht ganz und gar unverständlich bleiben will; ich glaube, die Studenten würden dem zustimmen; aber ihr Kriterium bliebe gleichwohl ein praktisches: Sie wollen wissen, wie man gegen den Gaullismus ankämpfen kann; was darüber hinausgeht, ist ein Wissen für Reiche und für Nichtstuer, ein Wissen, das sich selbst genügt. Sobald sich die Erkenntnisse sichtbar dem angestrebten Ziel funktional zuordnen, hören die Studenten zu – manchmal voller Enthusiasmus – oder sie diskutieren.

«Gut», wird man sagen, «aber die Punischen Kriege? Die Kreuzzüge? Für sie ist offenbar in dem Unterricht, von dem Sie sprechen, kein Platz. Werden die Studenten der Geschichte, die künftigen Lehrer, nichts mehr über die Kreuzzüge lernen? Dann werden ganze Epochen in absehbarer Zeit aus dem Gedächtnis der Menschen getilgt sein.»

In Wirklichkeit ist das nicht so tragisch: In der gegenwärtigen Perspektive (Gegenwartsgeschichte zu machen in der doppelten Bedeutung des Wortes) ist es zweifellos nicht recht einzusehen, warum die Studenten sich ernsthaft damit abgeben sollten: Man kann das Studium der Kreuzzüge nur zur Pflicht machen, wenn man eine selektive Beschränkung akzeptiert oder von der humanistischen Illusion eines universalen Wissens ausgeht – gerade sie verdeckt die Selektion. Aber nichts läßt darauf schließen, daß in einer wirklich revolutionären, nichtselektiven Gesellschaft, in der das Wissen in die Praxis einmündet und nicht als Wissen an sich Monopol und Rechtfertigung der Reaktion bleibt («Wie können Sie von der Geschichte der KPF auch nur ein Wort verstehen, wenn Sie die Ursprünge und die Bedeutung der Kreuzzüge nicht kennen?»), daß also in einer solchen Gesellschaft nicht die gesamte Geschichte rekonstruiert würde, und zwar nicht, wie früher, in ihrer selbstgefälligen Weitschweifigkeit, sondern in verdichteter, abgekürzter Form, als Konzentrat, entsprechend der jeweiligen Bedeutung, die die neu entstehende Gesellschaft ihrer eigenen Vergangenheit in der Praxis zumißt.

Ich halte die Antwort der Studenten auf die praktischen Anforderungen der Privatindustrie für sehr deutlich: Da es sich hier in der Tat um eine konkrete Konditionierung (Auslese, Ausbildung von Spezialisten) unter dem Deckmantel der «Wertfreiheit» handelt, fordern die, die es durchschauen, das entsprechende Gegengift, das heißt eine konkrete Konditionierung, mit deren Hilfe man gewissermaßen die Führungselite mit ihren eigenen Waffen bekämpfen kann. Kurz: *Praxis* gegen *Praxis*. Da aber gleichzeitig der alte Universalismus dieser Hure *Alma mater* noch nicht verschwunden ist und den Kampf mit einem Ballast «wertfreien», das heißt nutzlosen Wissens verschleiert, haben sie den richtigen Schluß aus diesem Rummel gezogen: Das Versprechen der Universität, jedem das gesamte Wissen zu vermitteln, ist als Betrug entlarvt. Sie kann höchstens allen ein praktisches Wissen vermitteln. Wenn sie somit ihre selektive Funktion aufgibt, müßten sich die Lehrenden – von denen viele damit einverstanden wären – und die Bürokratie in den Dienst der Massen stellen und nicht in den der Privatinteressen. Damit könnte das Wissen, obwohl praktisch geworden, mit seiner Weigerung, den speziellen Forderungen der begüterten Klasse zu entsprechen, als Volksbildung das Gegenstück zur «Wertfreiheit», die es immer stolz proklamiert hatte, wiederfinden – oder besser: überhaupt erst einmal finden.

So sieht man als Antwort auf den Verfall der Bildung (für den es drei Ursachen gibt: Monopolisierung des Wissens durch die Manager der französischen Großindustrie, totes, nicht mehr erneuertes Wissen und Anhäufung von toten Buchstaben; Alleinherrschaft der Privatindustrie) eine Konzeption entstehen, die zwar noch undeutlich ist, deren Umrisse sich aber täglich schärfer abzeichnen: Das Wissen wird Allgemeingut; es macht die Welt verfügbar, darf aber wiederum nicht zur Auslese des Managements der Monopole dienen; die Bildung ist die neue *Praxis*, die sich klärt im Licht ihrer eigenen Aktionen.

Ein Professor aus Bologna, Lehrstuhl-Inhaber für experimentelle Psychologie, der sich, nebenbei bemerkt, bestens mit seinen Studenten versteht, hat mir erzählt, seine Studenten seien am Ende des Studienjahres zu ihm gekommen, um ihm in aller Freundschaft zu erklären: «Die Ratten – das muß wohl sein, die Labyrinthe – soweit ganz hübsch. Aber wir, wir haben reale Probleme – politische, familiäre, sexuelle usw. – und wir meinen, daß die Psychologie uns hier helfen könnte: Erweitern Sie doch im nächsten Jahr den Themenkreis ein wenig.» Es wäre absurd anzunehmen, die jungen Leute seien gegen die experimentelle Psychologie. Aber sie lehnen es einfach ab, sie als abstrakte Technik zu studieren, mit der sie bestenfalls anerkannte Tester in einem Betrieb werden können. Sie wollen ihr einen neuen Platz zuweisen in einer anderen, umfassenden und praktischen Bildung, mit deren Hilfe sie ihre Klasse verstehen könnten, ihre Umwelt, die Gesellschaft, in der sie leben, kurz: sich selbst. Ist das so falsch? Wenn der Mensch eine Ratte ist, dann schon. Wenn er keine ist, irren sich die anderen.

*Die «Bildungsreform» von Edgar Faure versucht, die Strukturen der Universität flexibler zu machen und sieht die Partizipation von Studen-*

*envertretern in den Fachschaftsräten der neuen Fachbereiche vor. Sichert das nicht den Studenten eine gewisse Kontrollmöglichkeit?*

Absolut nicht. Aber bevor ich darauf eingehe, möchte ich zeigen, daß dieses Gesetz nicht das geringste am Bildungswesen ändert. Der Paragraph 3 des ersten Artikels bringt das Ganze sehr gut auf den Nenner: Die Universitäten «müssen den Bedürfnissen der Nation Rechnung tragen, indem sie sie auf allen Gebieten mit Führungskräften versorgen und an der sozialen und wirtschaftlichen Entwicklung aller Landerregionen mitwirken. Die Erfüllung dieser Aufgabe erfordert die Anpassung an die demokratische Weiterentwicklung, die bedingt ist durch die industrielle und technologische Revolution.»

Deutlicher kann man es nicht sagen: Die Universität hat die Aufgabe, Führungskräfte auszubilden. Sie ist also selektiv, und ihre Lehrprogramme werden entsprechend den Erfordernissen der privaten Industrie aufgestellt. Alles übrige ist Schaumschlägerei. Insbesondere jener andere Paragraph, in dem etwas später die Rede ist von der Gewährleistung «der gesellschaftlichen Entwicklung zu einer größeren Verantwortung des einzelnen gegenüber seinem Schicksal». Man weiß, was ein leitender Angestellter ist: Es gibt zweifellos niemand, der so wenig Herr über sein eigenes Schicksal ist. Die Entfremdung des leitenden Angestellten ist total, viel größer noch als die des Arbeiters. Der Arbeiter weiß wenigstens, daß er ausgebeutet, entfremdet ist; der leitende Angestellte weiß es nicht. Er ist ein Mann, den man dazu ausgebildet hat, ein Rädchen in der sogenannten Konsumgesellschaft zu sein, der teilweise gut bezahlt wird, der aber absolut keinen Einfluß auf sein Schicksal hat und der mit fünfundvierzig Jahren zu zittern beginnt, weil er genau weiß, daß er wahrscheinlich bald zum alten Eisen geworfen wird.

*Kann eine Gesellschaft ohne Management auskommen?*

Man muß die Frage anders stellen: Wenn man von Bildung sprechen will und vom Begriff des Managements ausgeht, kommt man nicht weit. Wenn man der Universität die Funktion zuweist, Spezialisten zu produzieren, dann akzeptiert man die bestehende Autorität, ihre Macht und ihre Ordnung – sei es die eines Stalin, die eines de Gaulle oder die von General Motors. Man muß umgekehrt vorgehen: Das Prinzip der Selektion aufheben, bereits vom Kindergarten an, und ein Bildungssystem entwickeln, das allen Kindern die gleichen Chancen bietet: Zu lernen, sich zu bilden, freie Menschen zu werden, wobei jedem selbstverständlich freisteht, sich je nach seinen Neigungen und seinen Begabungen zu spezialisieren.

*Edgar Faure hat selbst gesagt, die Reform müsse beim Kindergarten beginnen.*

Gesagt hat er das vielleicht; aber das Gesetz, das er soeben für die Universität gemacht hat, beweist, daß er nicht begriffen hat, wie eine wirkliche Bildungsreform aussehen müßte. Sein Gesetz läuft schlicht darauf hinaus, die alte Universität zu rationalisieren. Das System gründet sich nach wie vor auf das Prinzip der Selektion. Einige werden es schaffen – gerade so viele, wie die Wirtschaftsmaschinerie benötigt, nicht einer mehr –, die anderen werden auf der Strecke bleiben. Man entschärft die Selektion nicht dadurch, daß man die Noten von 20 bis 0 durch die Buchstaben A, B, C, D ersetzt. Diejenigen, die die Note A oder B bekommen, werden sich die Posten schnappen, die anderen bilden ein Intellektuellen-Proletariat von «Versagern». Und immer sind es die Dozenten, die am Ende oder während des Studienjahres – der Zeitpunkt spielt keine Rolle – erbarmungslos aussieben.

Wenn das Ziel darin besteht, den Bedarf an Führungskräften in der Privatindustrie zu decken, so kommt es zwangsläufig zur Selektion, weil es – entgegen der weitverbreiteten Ansicht – kein ausgewogenes Verhältnis gibt zwischen der Entwicklung einer fortgeschrittenen kapitalistischen Gesellschaft und dem daraus resultierenden Anwachsen des Bedarfs an Spezialisten. Es besteht im Gegenteil ein absolutes Mißverhältnis. Die Zahl der Studenten wächst – glücklicherweise – viel rascher als die Zahl der von der Industrie benötigten Führungskräfte. Das führt dazu, daß man sagt, es gebe «zuviel» Studenten. Zuviel im Hinblick worauf? Im Hinblick auf den Bedarf der Industrie natürlich! Alle bewerben sich, obwohl die Industrie nur einige wenige braucht: Die Universität, darauf zugeschnitten, sie zu beliefern, wird die anderen im Lauf des Studiums aussondern. Die einzig sinnvolle Reform – die einer Revolution gleichkäme – bestünde darin, eine Universität einzurichten, deren Ziel nicht mehr die Selektion einer Elite wäre, sondern Bildung für alle, auch und gerade für die, die einmal keine «Führungskräfte» sein werden.

Die Selektion beginnt natürlich lange vor dem Studium. Schon in der Grundschule vollzieht sich die erste Aufspaltung in Auserwählte und Ausgestoßene. Ein italienischer Geistlicher hat soeben in einem außergewöhnlichen Buch mit dem Titel ‹*Briefe an eine Lehrerin*›* über einen von ihm unternommenen Versuch berichtet, dessen Resultat das gesamte gegenwärtige Schulsystem hinlänglich verurteilt. Er hat in einem italienischen Dorf all die unterrichtet, die in der «normalen» Schule durchgefallen waren und die nicht die geringste Chance hatten, ein Abgangszeugnis zu bekommen. Bei einem Bürgersohn spielt das, selbst wenn er schlechte Zensuren hat, selbst wenn er durchs Examen gefallen ist, keine große Rolle: Der Vater verfügt über die nötigen Mittel, man hangelt sich hoch, man wechselt die Schule und bringt den Sprößling mehr schlecht als recht bis zum Schulabschluß. Bei einem Bauernsohn ist das anders: Wenn der Unterricht, der viel kostet, nicht sofort fruchtet, sagt man zu ihm: «Du vergeudest deine Zeit, du sitzt nur deine Hosen durch», und

* Deutsche Übersetzung: ‹*Scuola di Barbiana. Die Schülerschule – Brief an eine Lehrerin*›, Berlin 1970.

man holt ihn zurück auf den Hof, wo er immer gebraucht wird. Für dieses Kind gibt es keine zweite Chance.

Dieser italienische Priester nahm also alle diese zur Unwissenheit Verdammten auf und sagte: «Ich werde sie bestimmt durchs Examen bringen.» Die Atmosphäre, in der sie bei ihm arbeiten konnten, war frei von Konkurrenz: Es gab keinen Ersten, keinen Zweiten, keinen Letzten. Anstatt von einem Lehrer eingeschüchtert zu werden, der sie beurteilt – und verurteilt –, faßten die Kinder allmählich wieder Vertrauen; sie diskutierten miteinander, sie sagten, was sie interessierte, was sie langweilte, was sie nicht verstanden. Da sie es waren, die die Fragen stellten, hörten sie auch den Antworten des Lehrers zu. Am Ende des Schuljahres bestanden sie alle die Prüfung.

*Es war aber doch wieder die Prüfung, die ihnen bestätigte, daß sie nicht dümmer waren als die anderen.*

Auf diesen Einwand habe ich gewartet! Dieser Priester hat gerade die Absurdität von Prüfungen bewiesen. Er hat gesagt: «Wir leben in einer Gesellschaft, in der vom Staat Zeugnisse verlangt werden. Nun, ich werde euch zeigen, daß diejenigen, die ihr aussondert mit der Begründung, sie seien nicht fähig, eure Prüfungen zu bestehen, sie genausogut wie die anderen bestehen.» Aber was ist das für eine Prüfung, die jeder bestehen kann? So eine Prüfung ist sinnlos. Anders gesagt: Sie bekommt auf einmal ihren wahren Sinn: Es ist eine Prüfung, die nur den einen Zweck hat, die Unzulänglichkeiten des Unterrichtssystems zu verdecken und diejenigen zu entmutigen, mit denen man sich nicht abgeben will. Dasselbe gilt für die Universität: Es geht darum, alle die Studenten zu entmutigen, die unsere Industriegesellschaft nicht braucht, das heißt deren Ausbildung wirtschaftlich nicht «rentabel» wäre.

*Auch wenn das Gesetz von Edgar Faure des Bildungssystem nicht von Grund auf verändert, bietet es dann den Studenten nicht wenigstens eine konkrete Möglichkeit, über ihre Partizipation an der Verwaltung der Fachbereiche die Strukturen und den Ablauf von Lehre und Forschung zu verändern?*

Man braucht nur das Gesetz etwas genauer zu lesen, um festzustellen, daß dies nicht der Fall ist. Es gibt drei Bereiche, in denen die Macht der Studenten wirksam werden könnte: die Exekutive (Verwaltung, Disziplinarbereich); die Wahl der Professoren; die Kontrolle über die Lehrinhalte. In keinem dieser Bereiche werden die Studenten ein Wort mitzureden haben.

Die Exekutive wird nicht angetastet: Sie wird vom Rektor verkörpert, den die Regierung ernennt. Das Faure-Gesetz räumt ihm sogar außerordentliche Vollmachten ein: Es steht ihm frei, eine private Polizei anzuheuern – das sind dann die «Muskel-Pedelle» – und über die Zurückstellung vom Militärdienst zu entscheiden.

Die Wahl der Lehrkräfte? Bei diesem Punkt wird die Heuchelei der

Gesetzesverfasser überdeutlich. Es gibt zwar einen Paragraphen, der den paritätisch besetzten Gremien, in denen die Studenten Sitz und Stimme haben, allgemeine Befugnisse in bezug auf Ernennungen und Umbesetzungen einräumt, aber andere Paragraphen heben sie Punkt für Punkt wieder auf. Am Ende haben die Professoren weiterhin allein das Recht, durch Kooptation über die Berufung eines anderen Professors zu entscheiden.

Aber den Studenten einen Professor vorzusetzen, ohne sie auch nur nach ihrer Meinung zu fragen, ist genau das gleiche, wie sie auf ein bestimmtes Wissen zu verpflichten. Wenn dieser Professor zum Beispiel am Prinzip der Pflichtvorlesungen festhält oder wenn er Ideen vertritt, die die Studenten in Harnisch bringen, können sie seine Vorlesungen stören, streiken, die Hörsäle besetzen; doch damit begeben sie sich immer in die Illegalität. Und dennoch werden sie kein anderes Mittel haben, sich der Ernennung dieses Professors zu widersetzen. Ich finde es unsinnig, daß die Studenten nicht danach gefragt werden, wer sie ausbilden soll. Ich verlange ja nicht, daß sie ihre Professoren allein wählen sollen. Aber die Wahl müßte von den Professoren und den Studenten gemeinsam getroffen werden.

Was den dritten Punkt, die Kontrolle der Lehrinhalte, betrifft, so wird diese den Studenten ebenfalls verweigert. Nun ist es aber absolut unumgänglich, daß sie die Kriterien, nach denen sie beurteilt und ausgewählt werden, kennenlernen und kontrollieren können, denn darum geht es im Grunde. Ich ziehe die Redlichkeit und den guten Willen der Professoren nicht in Zweifel, aber ich weiß – ich bin schließlich selbst Lehrer gewesen –, daß es unter ihnen Leute gibt, für die das Examen eine Art Rache ist. Das ganze Jahr über hat man ihre Vorlesungen gestört; dann aber heißt es: Auf zum fröhlichen Jagen! Manche schlafen auch über ihren eigenen Vorlesungen ein und verlangen dann nur, daß man sie bei der Prüfung aufsagen kann. Ich habe einen Soziologen gekannt, für den eine soziale Klasse an acht Merkmalen zu erkennen war; wenn man nur sieben davon aufzählte, war man durchgefallen. All dies könnte durch eine Partizipation der Studenten an den Beschlüssen der Prüfungskommission vermieden werden. Und es ist nicht wahr, daß diese studentische Kontrolle dazu führt, daß man «alle durchkommen läßt». Der Versuch ist nach dem Mai in einigen Fällen gemacht worden, und die studentischen Vertreter erwiesen sich als absolut objektiv.

Es gibt also drei wesentliche Kompetenzen, und die Studenten verfügen über keine davon. Könnten sie dann wenigstens in irgendeinem anderen Bereich Einfluß nehmen? Nicht einmal das! Man hat in diesem Gesetz tatsächlich dafür gesorgt, daß sie in allen paritätisch besetzten Gremien durchweg in der Minderheit bleiben. Das Gesetz sagt nicht, daß die Zahl der Lehrenden in diesen Gremien gleich groß sein muß wie die der Studentenvertreter, sondern: «mindestens gleich groß». Diese Nuance allein reicht schon aus, um das Prinzip der «Parität» wieder umzustoßen. Und außerdem hat man noch einen unglaublichen Dreh gefunden: Man läßt an diesen Gremien außer Lehrenden und Studenten auch noch «Außenstehende» mitwirken, «die nach ihrer Sachkenntnis und insbesondere nach ihrer Funktion im öffentlichen Leben ausgewählt werden». Was machen sie in diesen Gremien? Natürlich nichts anderes, als die Erfordernisse des Arbeitsmarktes vorzutragen, damit die Selektion besser gesteuert werden kann. Was auch immer verhandelt wird: Die Studenten werden gegen die Mauer der Erwachsenen stoßen, und ihre Partizipation wird nur auf dem Papier stehen.

Diese Persönlichkeiten aus dem öffentlichen Leben, könnte man einwenden, müssen eben gemeinsam von Lehrenden und Studenten ernannt werden: Es müßte also vollkommen genügen, die richtige Wahl zu treffen. Das ist leider nicht so einfach. Ich will es an einem Beispiel aus der Sekundarstufe zeigen (es gibt hier zwar noch kein Gesetz, aber bereits Maßnahmen «im Geiste der Bildungsreform»): Am Gymnasium von Vernon hat es vor kurzem einen Schülerstreik aus Protest gegen die ungerechtfertigte Suspendierung eines Lehrers gegeben.* Auch in Vernon mußte der Verwaltungsrat – der Vertreter der Behörde, der Elternschaft, des Lehrkörpers und der Schüler umfaßt – «Persönlichkeiten aus dem öffentlichen Leben» wählen. Der Abgeordnete des Kreises ist der Gaullist Tomasini: Die Wahl fiel automatisch auf ihn. Zugleich wählte man als Gegengewicht einen Gewerkschafter der CGT, der offenbar mit den Schülern völlig einer Meinung ist, der aber rundheraus sagt: «Wissen Sie, ich bin Arbeiter, ich habe keine Bildung, und ich fühle mich nicht dazu in der Lage, mitzureden.»

Diese Versammlung hat über die Statuten der Schule abgestimmt. Und was ist dabei herausgekommen? Nun, zum Beispiel ein Artikel, der bestimmt, daß die Schüler in der Schule für ihr Verhalten außerhalb der Schule zur Rechenschaft gezogen werden. Das bedeutet, daß sie beispielsweise auf Grund der Teilnahme an einer Demonstration, selbst wenn es keine Studentendemonstration ist, relegiert werden können. Weder die Schüler noch der Gewerkschafter konnten diesen skandalösen Passus verhindern. So wird es überall gehen. Es wird da und dort ein paar gutwillige Persönlichkeiten geben, aber sie werden keinen Einfluß nehmen können.

*Die Losung der UNEF und der «Linksradikalen», die Wahlen zu boykottieren, wurde teilweise befolgt, aber trotzdem haben bisher mehr als die Hälfte der Studenten – nach Angaben der Regierung 53 Prozent – gewählt. Diese Losung wird andererseits in der Öffentlichkeit, besonders in der Arbeiterklasse, nicht immer richtig verstanden, vielleicht weil die revolutionäre Tradition in Frankreich eher «wahlorientiert» ist: Man ist*

* Vgl. ‹*Die Mauer*› am Gymnasium (Anm. d. Übers.).

*nicht gegen Wahlen; man kämpft, um sie zu gewinnen.*

Aber nicht, wenn es falsche Wahlen sind. Und die, die man den Studenten vorschlägt, sind es in exemplarischer Weise. Man erwartet zunächst von ihnen, daß sie einer Vorlage zustimmen, in der ihnen keinerlei Rechte eingeräumt werden. Dann verordnet man ihnen die abenteuerliche Klausel von der «degressiven Vertretung», die in Kraft tritt, sobald das Quorum von 60 Prozent nicht erreicht wird. Wenn in der gutbürgerlichen Demokratie ein festgesetztes Quorum nicht erreicht wird, erklärt man die Wahlen für ungültig. Das ist die Regel, an die man sich überall hält. Hier freilich nicht: Die Zahl der Sitze, die die Studenten bekommen, ist proportional zu ihrer Wahlbeteiligung. Anders ausgedrückt: Wenn sie wählen, sind sie in den Gremien in der Minderheit; wählen sie nicht, sind sie es noch mehr. Auf jeden Fall wird das Gesetz durchkommen.

Dieser Schwindel wird noch überboten durch eine Erpressung mit Gewalt:

«Ihr wollt nicht mehr zusammengeknüppelt werden? Ihr wollt keine ‹Muskel-Pedelle› mehr? Ihr wollt, daß den Rektoren die unbeschränkten Rechte, die ihnen provisorisch verliehen worden sind, wieder entzogen werden? Wählt! Dann wird man euch in Ruhe lassen!» Die Zeitung *Action* hat das sehr gut zusammengefaßt unter der Überschrift: «Wählt . . . aber wählt auf den Knien.» Wenn das Gesetz verabschiedet ist, wird man zu den Studenten garantiert sagen: «Ihr werdet uns jetzt doch keine Schwierigkeiten mehr machen. Schließlich habt ihr dieser Reform zugestimmt. Ihr habt diese Universität selbst gewollt.»

Wie können die Studenten, die den Betrug durchschaut haben, noch wählen? Für sie kann von einer Reform nicht die Rede sein. Sie sehen im Faure-Gesetz nichts als eine neue Gewalt, der man sie aussetzt, auf die sie nur mit einer anderen Gewalt antworten können. Noch ist es ein Kampf mit ungleichen Waffen, was auch immer in der Presse darüber steht. Was machen sie denn schon? Sie besetzen Hörsäle, sie boykottieren Vorlesungen, sie kleben Plakate: Angesichts der Knüppelorgien ist das recht bescheiden.

Tragisch ist nur, daß die Regierung wahrscheinlich Erfolg hat mit ihrem Unternehmen, das vor allem die Spaltung der Studenten zum Ziel hat. Auf der einen Seite werden die stehen, die gewählt haben – ob 52 oder 58 Prozent, spielt keine Rolle –, auf der anderen die, die nicht gewählt haben. Die ersteren werden sich natürlich als die Hüter des Gesetzen betrachten. Die Minderheit wird indessen keine Veranlassung haben, sich der Mehrheit anzuschließen, da diese ihrer Meinung nach sich hat prellen lassen. Sie wird also weiterkämpfen, und das Ergebnis wird eine tiefe Spaltung der Studentenschaft sein.

Das Problem für die Revolutionäre besteht darin, bei den gemäßigten Massen, dem «Sumpf», einen Umschwung herbeizuführen. Das ist ihnen im Mai gelungen. Heute sinkt der «Sumpf» wieder zurück in die Arbeit, in die Ordnung. Zweifellos wird erst eine weitere Krise einen neuen Umschwung bewirken können. Die Situation kann sich erst dann entscheidend weiterentwickeln, wenn es den Studenten gelingt, die Arbeiter für ihren Kampf zu gewinnen. Das wissen sie auch; sie haben es im Mai gesagt und sagen es jeden Tag aufs neue. Da aber die Arbeiterklasse sich aus vielerlei Gründen nicht rührt, sind sie gegenwärtig an einem toten Punkt angekommen.

*Was würden Sie tun, wenn Sie heute Philosophieprofessor wären?*

Ich würde meine Studenten fragen, worüber wir miteinander reden sollten und ob sie auf meine Anwesenheit überhaupt Wert legten. Wenn sie keine Vorlesungen wünschten, hielte ich auch keine. Aber ich würde sie voll und ganz in ihrem Kampf unterstützen. Ich würde vor allem versuchen, das zu tun, was sie in der Isolation, in die man sie gedrängt hat, sich oft nicht mehr zu tun getrauen: der Öffentlichkeit zu erklären, daß die Studenten keine nihilistischen Kleinbürger sind, sondern einfach geprellte junge Menschen, die eine Ausbildung ablehnen, deren Zweck es ist, Untertanen aus ihnen zu machen. Ich würde auch den tieferen Sinn der Winkelzüge Faures klarmachen: Die Diktatur der kleinen Duodezfürsten des Wissens, der Professoren, die sich krampfhaft an eine anachronistische Macht klammern, soll ersetzt werden durch eine scheinbare Verknüpfung der einzelnen Fächer und durch kollektive Arbeit – Illusionen, die sorgsam genährt werden, um die «Modernisierung» der Universität zu kaschieren, an der die kapitalistischen Monopole interessiert sind, die ihre Forderungen in der Anonymität stellen, auf regionaler oder nationaler Ebene. Diese Forderungen haben dann nicht mehr die Form privater Interessen, sondern die der Diktatur der Rationalität.

# Massen, Spontaneität, Partei

Das folgende Interview, das Sartre im September 1969 in Rom der Zeitschrift ***Il Manifesto*** gab, erschien in Frankreich in der Zeitschrift ***Les Temps modernes***. Die deutsche Übersetzung wurde zuerst in der Reihe ***Internationale marxistische Diskussion***, Heft 5, Berlin 1970 veröffentlicht.

## Eine Diskussion zwischen Jean-Paul Sartre und *Il Manifesto*

MANIFESTO: *Während der Mai-Ereignisse in Frankreich und allgemein während der Klassenkämpfe 1968 haben die Basis-Bewegungen den kommunistischen Parteien nicht nur ihre bürokratische Degeneration oder ihre reformistischen Optionen vorgeworfen; sie haben den Begriff der* Partei *selber, als einer durch die Klasse strukturierten politischen Organisation, kritisiert. Als die Basis-Bewegung rückläufig wurde, haben mehrere «linksradikale» Gruppen erneut der Organisation gegenüber dem Spontaneismus den Vorzug gegeben und die Rückkehr zu einem «reinen» Leninismus propagiert. Weder die eine noch die andere dieser beiden Einstellungen erscheinen uns zufriedenstellend. Aber man kann den Spontaneismus wohl auch nur unter der Bedingung kritisieren – das lehrt uns das Jahr 1968 –, daß die subjektive Reife der Klasse heutzutage eine neue Organisationsform verlangt, welche den Erfordernissen des Kampfes in den Gesellschaften des fortgeschrittenen Kapitalismus angepaßt ist.*

*Wir möchten die theoretischen Grundlagen dieses Problems zum Zentrum unseres Gespräches machen. Diese nehmen Raum in Ihrem Denken ein, und zwar seit der nunmehr klassischen Diskussion von 1952* (‹Les communistes et la paix›) *und der darauf folgenden Polemik mit Lefort und Merleau-Ponty, über* ‹Le Fantome de Staline› *(1956) bis hin zur* ‹Kritik der dialektischen Vernunft›.

*1952 hat man Sie des Hypersubjektivismus beschuldigt, man hat Ihnen vorgeworfen, der Klasse keine andere Existenz zuzusprechen als in der Partei; 1956 hat man an Sie die umgekehrte Anklage gerichtet: die eines Objektivismus, der dazu tendiert, den Stalinismus als ein unvermeidbares Produkt einer historischen Situation zu erklären. Tatsächlich scheinen uns beide Positionen eine gemeinsame Basis in dem Begriff des «Mangels»* (rareté) *zu besitzen, des strukturellen Rückstandes des Landes, in dem sich die Oktoberrevolution ereignete, der «Notwendigkeiten», die durch die Tatsache, daß die Revolution noch nicht «reif» war und der Sozialismus während einer Phase der ursprünglichen Akkumu-*

*lation aufgebaut werden mußte, aufgezwungen wurden.*

*Sie vertraten die Auffassung, daß in dieser spezifischen Situation die Partei sich notwendigerweise über eine Masse stellen mußte, die nicht das Niveau des erforderlichen Bewußtseins erreicht hatte. Glauben Sie, daß dieses Bild einer Partei – das sowohl das Ihre wie das unsrige während der fünfziger Jahre war – revidiert werden muß, weil die Situation sich verändert hat, oder weil im Gegenteil die Formulierungen von damals theoretische Unzulänglichkeiten aufwiesen, die seither viel klarer zutage getreten sind?*

JEAN-PAUL SARTRE: Es gab sicherlich theoretische Unzulänglichkeiten. Aber man muß sie historisch situieren. 1952, als ich ‹*Les communistes et la paix*› geschrieben habe, bestand die wesentliche politische Entscheidung in der Verteidigung der PCF und vor allem der des Imperialismus angeklagten UdSSR. Entscheidend war, diese Anschuldigung zurückzuweisen, wenn man sich nicht auf der Seite der Amerikaner wiederfinden wollte. In der Folge hat sich herausgestellt, daß die UdSSR, während sie in Budapest so handelte, wie Stalin – aus politischer Klugheit oder wegen anderer Gründe – 1948 mit Jugoslawien nicht gehandelt hatte, während sie dann in der Tschechoslowakei rückfällig wurde, sich in der Manier einer imperialistischen Großmacht benimmt. Wenn ich dies sage, will ich damit nicht ein moralisches Urteil sprechen. Ich behaupte lediglich, daß die Außenpolitik der UdSSR wesentlich durch ihr antagonistisches Verhältnis zu den Vereinigten Staaten beeinflußt scheint und nicht durch ein Prinzip des Respekts, der Gleichheit gegenüber den anderen sozialistischen Staaten. Aus dieser Feststellung ergab sich meine Position von 1956. Ganz gewiß kam ich, als ich an diesem Punkt angelangt war, nicht umhin, den Widerspruch zu meiner Position von 1952 zu entdecken. Ich habe versucht, mich dessenthalben in der ‹*Kritik der dialektischen Vernunft*› zu erklären. Es handelt sich allerdings um eine formale Lösung, die mit einer historischen Analyse der UdSSR in der Stalin-Ära hätte fortgesetzt werden müssen – einer bereits skizzierten Analyse, Teil eines zweiten Bandes der ‹*Kritik*›, welcher vermutlich niemals erscheinen wird.

Zusammengefaßt: Was ich hinsichtlich der Begriffe *Masse, Partei, Spontaneität, Serialisation*, Kanäle, Gruppen* zu zeigen versuchte, stellt den Keim einer Antwort auf dieses Problem dar. Im Grunde habe ich zu zeigen versucht, daß die Partei im Vergleich zu der Masse eine *notwendige* Realität ist, weil die Masse aus sich selbst heraus keine *Spontaneität* besitzt. Aus sich selbst heraus bleibt die Masse seriell (*sérielle*)*. Aber umgekehrt ist die Partei, sobald sie zur Institution wird – es sei denn unter außergewöhnlichen Umständen –, reaktionär im Ver-

* Zu den Begriffen «Serie», «seriell», «Serialisation» vgl. Jean-Paul Sartre: ‹*Kritik der dialektischen Vernunft*›, Reinbek 1967, S. 67–70 und 707–710.

gleich zu dem, was sie selber hervorruft oder erzeugt: der *fusionierenden Gruppe* (*groupe en fusion*). In anderen Begriffen formuliert: das Dilemma Spontaneität/Partei ist ein falsches Problem. Unter dem Gesichtspunkt des Selbstbewußtseins erscheint die Klasse nicht als homogen, sondern vielmehr als ein Komplex von Elementen, von Gruppen, die ich als «fusionierende» (*en fusion*) definiere. Unter den Arbeitern finden wir immer fusionierende Gruppen in der oder jener Fabrik, wo ein Kampf stattfindet, in dessen Verlauf die Individuen Beziehungen der Wechselseitigkeit herstellen, sich im Vergleich zum Ensemble dessen erfreuen, was ich «wilde Freiheit» (*liberté sauvage*) genannt habe, und ein präzises Bewußtsein ihres «Klassen-seins» *être-de-classe*) erlangen.

Abseits dieser fusionierenden Gruppen aber gibt es andere Arbeiter, die – nicht vereint durch einen Kampf – serialisiert bleiben und daher zur Spontaneität unfähig sind, weil sie mit den anderen nicht verbunden sind – es sei denn durch ein Verhältnis der Verdinglichung, durch ein serielles Verhältnis. Sie sind beständig andere als sie selbst, da einzig mittels eines Bezuges zum anderen bestimmt. Die Beziehungen der Serialität (Vermassung usw.) belasten und beeinträchtigen fortdauernd selbst eine fusionierende Gruppe, einen streikenden Betrieb. Derselbe Arbeiter, der am Arbeitsplatz sich in einer fusionierenden Gruppe befindet, kann vollständig serialisiert sein, wenn er bei sich zu Hause oder in anderen Situationen seines Lebens ist. Wir haben also sehr verschiedene Formen von Klassenbewußtsein vor uns: einerseits ein fortgeschrittenes Bewußtsein, andererseits ein quasi inexistentes Bewußtsein, und zwischen den beiden eine Reihe von Vermittlungen. Daher, so scheint mir, kann man nicht von einer Klassen-*Spontaneität* sprechen; man kann korrekterweise nur von *Gruppen* sprechen, die von den Umständen geschaffen werden, die sich selbst der jeweiligen Situation entsprechend erzeugen und, indem sie sich selbst schaffen, nicht irgendeine unergründliche Spontaneität wiedergewinnen, sondern auf der Basis von spezifischen Ausbeutungssituationen und präzisen Forderungen die Erfahrung einer spezifischen Bedingung machen, eine Erfahrung, in deren Verlauf sie sich selbst mehr oder weniger richtig denken.

Was stellt demnach die Partei gegenüber der Serie dar? Gewiß eine gute Sache, da die Partei es verhindert, in die vollständige Serialität zu fallen. Auch die Mitglieder einer kommunistischen Partei würden isolierte und serialisierte Individuen bleiben, wenn die Partei sie nicht mittels einer organischen Verbindung als Gruppe konstituieren würde, nämlich mittels einer Verbindung, die es dem Kommunisten aus Mailand erlaubt, zu einem anderen kommunistischen Arbeiter aus irgendeiner anderen Region in Beziehung zu stehen. Darüber hinaus bilden sich dank der Partei während des Kampfes zahlreiche Gruppen, da die Partei die Kommunikation ermöglicht. Dennoch befindet sich die Partei gegenüber der fusionierenden Gruppe, zu deren Entstehung sie selbst beigetragen hat, in der Regel unter dem Zwang, sie zu absorbieren oder zu verneinen. Im Verhältnis zur Gruppe, deren Strukturierung niemals über eine Art wechselseitiger Übereinkunft hinausgeht, ist die Partei sehr viel stärker strukturiert. Eine Gruppe bildet sich in einem heißen Zustand, zum Beispiel angesichts eines Ziels («Stürmt die Bastille!»); sofort nach der Aktion finden sich die Individuen, die die Gruppe ausmachen, beunruhigt einander gegenüber wieder und versuchen in ihrer Freiheit eine Verbindung herzustellen, die die in der Aktion geschaffene unmittelbare Verbindung ersetzen könnte, das heißt eine Art Übereinkunft oder Schwur, welche wiederum dazu tendiert, den Keim einer Serie zu konstituieren und zwischen ihnen eine Beziehung von verdinglichter Kontiguität zu errichten. Das habe ich *«Fraternité-terreur»** genannt. Im Gegensatz dazu entwickelt sich die Partei als ein Komplex von Institutionen, also als ein geschlossenes, statisches und tendenziell verkalktes System. Aus diesem Grunde ist die Partei im Verhältnis zur fusionierenden Masse immer im Rückstand – selbst wenn sie versucht, die Masse zu führen –, weil sie sie schwächt, weil sie versucht, sie sich unterzuordnen und selbst davor nicht zurückscheut, sie zu verleugnen, sich von ihr zu trennen.

Denken und Handeln jeder Gruppe spiegeln notwendigerweise diese Struktur wider. Folgendes ereignet sich also: das Denken einer fusionierenden Gruppe – weil es im Feuer einer besonderen Situation und nicht auf Grund einer x-beliebigen «Spontaneität» entsteht – hat einen viel stärkeren, kritischeren neueren Auftrag als das einer strukturierten Gruppe. Als Institution weist die Partei ein institutionalisiertes Denken auf (d. h. etwas, was sich von einem Denken über die *Realität* entfernt), ein ideologisches Denken also, das im wesentlichen nur noch die eigene Organisation widerspiegelt. Die Erfahrung des Kampfes modelliert sich nach dem Schema der Partei und wird damit deformiert; demgegenüber denkt die fusionierende Gruppe die Erfahrung so, wie sie sich darstellt, ohne institutionelle Vermittlung. Darum kann das Denken einer Gruppe vage, unbequem und nichttheoretisierbar sein – wie es die Ideen der Studenten im Mai 1968 waren –; aber dennoch kann es einen Reflexionsgrad erreichen, der *viel wahrer* ist, weil keine Institution sich zwischen die Erfahrung und die Reflexion der Erfahrung schiebt.

Gewiß berühren wir hier einen Widerspruch, der der Funktion der Partei selbst inhärent ist. Die Partei entsteht, um die Arbeiterklasse aus der Serialisation zu befreien, aber sie ist zugleich ein Reflex – Reflex eines bestimmten Typus, da sie besteht, um diesen aufzuheben – der Serialisation und der Vermassung der Massen, auf die sie einwirkt. Diese Serialisation der Massen spiegelt sich in ihrer Institutionalität wider; da die Partei gezwungen ist, Beziehungen zum Seriellen zu unterhalten, ist sie

* Vgl. Sartre, a. a. O., S. 461–570.

selbst zum Teil inert und seriell. Da sie sich selbst schützen muß, gelangt sie schließlich dazu, sich den fusionierenden Gruppen entgegenzusetzen, welche gleichwohl einen Aspekt jener Arbeiterklasse darstellen, die sie ausdrücken will und die sie selbst so oft als erste hervorgerufen hat.

Hier liegt der grundlegende Widerspruch der Partei: entstanden, um die Massen aus der Serialität zu befreien, wurde sie selbst zur Institution. Die Partei trägt als solche in sich ein so mächtiges Passivum (ich spiele nicht auf die Bürokratie oder andere Formen von Degeneration an, sondern meine hier die institutionelle Struktur selbst, die nicht notwendig bürokratisch sein muß), daß sie sich grundsätzlich in allen Fällen allen neuen Kräften entgegenstellen muß, sei es, um sich ihrer zu bedienen, sei es, um sie zurückzuweisen. Man hat diese beiden unterschiedenen Einstellungen an dem Verhalten der französischen und der italienischen Kommunistischen Partei gegenüber den Studenten beobachten können. Die PCF hat die Studenten zurückgestoßen, während die PCI sich viel subtiler verhält: sie versucht, die Studenten an sich zu ziehen und deren Erfahrungen durch die Bemühung um Kontakt und Diskussion zu kanalisieren. Eine Partei kann nur zwischen diesen beiden Verhaltensweisen wählen; hier liegt ihre innere Begrenzung.

Nennen wir noch ein Beispiel, ein klassisches: die Frage des demokratischen Zentralismus. Sobald der demokratische Zentralismus in einer sich in Bewegung befindlichen Situation praktiziert wird, zum Beispiel in der Clandestinität und während der Entfaltung des Kampfes in Rußland, das heißt genau zu der Zeit, als Lenin die Theorie des demokratischen Zentralismus entwickelte, blieb er ein belebendes Element. Es gab ein Moment von Zentralismus, weil er notwendig war, und ein Moment von wirklicher Demokratie, weil die Leute miteinander sprachen und die Entscheidung gemeinsam gefunden wurde. Kaum hatte er sich institutionalisiert – wie es in allen kommunistischen Ländern der Fall ist –, gewann der Zentralismus die Überhand über die Demokratie. Damit wurde auch die Demokratie zur «Institution», deren eigentümlicher Trägheit (*inertie*) unterworfen: es existiert zum Beispiel ein Rederecht, aber die alleinige Tatsache, daß es ein Recht ist – und dies allein –, entleert es seines Inhalts so weit, daß es in Wirklichkeit ein Nicht-Recht wird. Die wirkliche Frage besteht also darin zu wissen, wie man den der Natur der Partei inhärenten Widerspruch übersteigen kann, damit die Partei (nicht nur in ihrer Beziehung zum Gegner und zu ihren kämpferischen Aufgaben, sondern gegenüber der Klasse, die sie repräsentiert) eine aktive Vermittlung mit den serialisierten und vermaßten Elementen im Hinblick auf einen Versuch der Vereinigung herstellen kann; damit die Partei folglich fähig wäre, die aus den Bewegungen kommenden Impulse aufzunehmen und, statt sie führen zu wollen, die in ihnen enthaltene Erfahrung für die Bewegung und sich selbst zu generalisieren.

*Der wirkliche Ort des revolutionären Bewußtseins liegt also weder in der Klasse in ihrer Unmittelbarkeit noch in der Partei, sondern im Kampf. Die Partei wäre lebendig, sofern sie ein Kampfinstrument ist, aber sobald sie zur Institution wird, verwechselt sie den Zweck mit den Mitteln und verwandelt sich zum Selbstzweck. Der innere Widerspruch der Partei, den Sie offengelegt haben, wird sich vielleicht in dem Maße auflösen, in dem man versucht, das Problem der politischen Organisation der Klasse nicht mehr in seiner Allgemeinheit, sondern in der Unmittelbarkeit der besonderen Situationen anzugehen. Eine meta-historische Lösung scheint unmöglich zu sein. Es kommt also darauf an, die objektiven Bedingungen, unter denen dieses Dilemma in jedem Einzelfall gelöst werden kann, ins Auge zu fassen. Dies impliziert unserer Ansicht nach zwei Voraussetzungen: die Klasse muß das Niveau der Serialität überschreiten, um wirklich in ihrer Gesamtheit das Subjekt einer kollektiven Aktion zu werden, fähig zur Hegemonie . . .*

Das ist eine unmögliche Bedingung: die Arbeiterklasse kann sich als aktives politisches Subjekt niemals vollständig ausdrücken; es wird immer Zonen oder Regionen oder Randgebiete geben, die aus historischen Gründen der Entwicklung serialisiert, vermaßt, einer Bewußtwerdung unzugänglich bleiben werden. Es gibt immer ein Residuum. Man neigt augenblicklich stark dazu, die Begriffe *Klassenbewußtsein* und *Klassenkampf* zu Elementen, die dem Kampf a priori vorgegeben sind, zu verallgemeinern. Aber es gibt nur das Apriori der objektiven Situation der Ausbeutung der Klasse. Das Bewußtsein entsteht allein im und durch den Kampf. Der Klassenkampf existiert als solcher nur dann, wenn es einen Ort gibt, wo man sich wirklich schlägt. Es ist wahr, daß das Proletariat in sich den Tod der Bourgeoisie trägt; es ist wahr, daß das kapitalistische System von strukturellen Widersprüchen zerrüttet wird; aber dieses impliziert nicht notwendigerweise die Existenz eines Klassenbewußtseins oder eines Klassenkampfes. Damit es überhaupt *Bewußtsein* und *Kampf* gibt, muß sich jemand schlagen.

In anderen Worten: Im kapitalistischen System ist der Klassenkampf virtuell überall möglich, aber real existiert er nur da, wo man ihn wirklich führt. Andererseits: selbst da, wo man den Klassenkampf führt, sieht er in Abhängigkeit von der spezifischen Situation jeweils anders aus. In Frankreich zum Beispiel sind die Bedingungen und Typen des Kampfes extrem verschieden: in Saint-Nazaire konservieren die sehr gewaltsamen Arbeiterkämpfe die Merkmale des letzten Jahrhunderts; in anderen, kapitalistisch viel «fortgeschritteneren» Gebieten besitzen die Arbeiterkämpfe einen anderen Charakter, eine vielleicht viel fruchtbarere Artikulation von Forderungen, aber in einem viel gemäßigteren Kontext. Darum ist es nicht möglich, von *Vereinigung* (*unification*) – es sei denn theoretisch – zu sprechen, selbst nicht für jenen Teil der Arbeiterklasse, der sich wirklich im Kampf befindet. Die von der CGT organisierten 24stündigen Generalstreiks sind bestenfalls das Symbol eines Kampfes.

*Aber befinden wir uns nicht in einer Phase kapitalistischer Vereinheitlichung (*unification*) der Gesellschaft, sowohl vom Gesichtspunkt der Basis wie des Überbaus (Konsumtionsmodelle, Lebensweise, Sprache, Vermassung) her? Entspricht nicht der Parzellierung der individuellen Situationen eine immer evidenter werdende «Totalität» des Systems? Muß dies nicht zur Konsequenz die Bildung einer objektiven materiellen Basis für die wachsende Vereinigung der Klasse und des Klassenbewußtseins haben?*

Die Struktur bleibt in Wirklichkeit extrem differenziert und desequilibriert.

*Aber gibt es die Tendenz zur Vereinigung oder nicht?*

Ja und nein. In Frankreich zum Beispiel erhält der Kapitalismus künstlich Tausende von kleinen Unternehmen am Leben, die vom Gesichtspunkt der ökonomischen Rationalität aus keine Existenzberechtigung mehr besitzen, aber dem Kapitalismus nützlich sind, sei's weil sie einen politisch konservativen Sektor repräsentieren (diese Schichten wählen de Gaulle und Pompidou), sei's weil sie es ihm erlauben, seine Produktionskosten an den ihrigen – ohne Rücksicht auf die Erhöhung der Produktivität – auszurichten. Die Tendenzen zur Integration heben also nicht die tiefgehenden Verschiedenartigkeiten der strukturellen Situationen auf.

Was die Bewußtwerdung der eigenen Situation betrifft, muß man dem Gesagten noch hinzufügen, daß es dem fortgeschrittenen Kapitalismus trotz der gewaltigen Ungleichheiten in der Verteilung der Einkommen gelingt, die elementaren Bedürfnisse der Mehrheit der Arbeiterklasse zu befriedigen; es bleiben gewiß marginale Zonen: 15 Prozent der Arbeiter in den USA, Neger und Immigranten; es bleibt die Kategorie der alten Leute; es bleibt, im Weltmaßstab, die Dritte Welt. Der Kapitalismus befriedigt gewisse primäre Bedürfnisse, und er befriedigt weiterhin gewisse Bedürfnisse, die er künstlich geschaffen hat, wie zum Beispiel das Bedürfnis nach einem Auto. Diese Situation hat mich dazu gebracht, meine «Theorie der Bedürfnisse» zu überprüfen, da diese Bedürfnisse in der Situation eines fortgeschrittenen Kapitalismus nicht mehr in einer systematischen Opposition zum System stehen; sie werden im Gegenteil teilweise in der Hand des Systems zu einem Mittel der Integration des Proletariats in bestimmte, vom Profit erzeugte und dirigierte Prozesse. Der Arbeiter arbeitet sich ab, um das Auto zu produzieren und das nötige Geld zum Kauf des Autos zu verdienen; diese Erwerbung verleiht ihm das Gefühl, ein «Bedürfnis» befriedigt zu haben. Das System, das ihn ausbeutet, gibt ihm zugleich ein Modell und die Möglichkeit, es zu befriedigen. Das Bewußtsein von der Unerträglichkeit des Systems darf daher nicht mehr in der Unmöglichkeit, die elementaren Bedürfnisse zu befriedigen, gesucht werden, sondern muß vor allem in dem Bewußtsein von der *Entfremdung* gefunden werden: das heißt von der Tatsache ausgehend, daß *dieses Leben* nicht mehr die Mühe lohnt, gelebt zu werden, daß es keinen Sinn mehr besitzt, daß der Mechanismus des Systems ein betrügerischer Mechanismus ist, daß diese Bedürfnisse künstlich geschaffen wurden, daß sie falsch sind, daß sie erschöpfen und lediglich dem Profit dienen. Aber die Klasse von diesem Gesichtspunkt aus zu vereinen ist noch viel schwieriger; darum stimme ich mit keiner einzigen jener optimistischen, von den kommunistischen Parteien oder den linken Bewegungen hervorgebrachten Visionen überein, die glauben machen, der Kapitalismus sei bereits in die Enge getrieben. Dessen Mittel zur Kontrolle der Klassen sind noch mächtig; er ist weit davon entfernt, sich in der Defensive zu befinden. Einen revolutionären Elan hervorzurufen erfordert eine lange und geduldige Arbeit an der Bewußtseinsbildung.

*Immerhin ist diese Vereinigung im Mai unmittelbar und evident erfolgt.*

Ganz gewiß. Das war einer der wenigen Fälle, wo jeder in dem Kampf der Fabrik nebenan das Modell seines eigenen Kampfes gesehen hat. Ein Phänomen gleicher Ordnung, das aber in anderer Hinsicht weitergehend war, ereignete sich 1936; aber damals spielten die Arbeiterorganisationen eine bestimmende Rolle. Die Bewegung wurde ausgelöst, als Sozialisten und Kommunisten bereits an der Macht waren, wodurch sie gewissermaßen ein Modell anboten, das der Klasse eine schnelle Bewußtwerdung, die Fusion zur Gruppe und die Vereinigung erlaubte.

Im Mai dagegen waren die Parteien und Gewerkschaften nicht nur nicht an der Macht, sondern sie waren darüber hinaus weit davon entfernt, eine vergleichbare Rolle zu spielen. Das Element, das den Kampf vereint hat, ist nach meiner Ansicht etwas, das von weit her kommt. Es ist eine Idee, die zu uns aus Vietnam kommt und die die Studenten mit der Formel «*L'imagination au pouvoir*» ausgedrückt haben. In anderen Worten: das Feld des Möglichen ist sehr viel weiter, als die herrschenden Klassen uns zu glauben angewöhnt haben. Wer hätte gedacht, daß 14 Millionen Bauern sich erfolgreich der größten Industrie- und Militärmacht der Welt entgegenstellen können? Und dennoch war es möglich. Vietnam hat uns gelehrt, daß das Feld des Möglichen unermeßlich ist, daß man nicht resignieren muß. Genau das war der Hebel der Studentenrevolte, und die Arbeiter haben es verstanden. In der gemeinsamen Demonstration vom 13. Mai wurde diese Idee plötzlich beherrschend. «Wenn einige tausend junge Leute die Universitäten besetzen und die Regierung in Schach halten, warum können wir das dann nicht auch machen?» So kam es, daß seit dem 13. Mai die Arbeiter, einem Modell folgend, das in diesem Moment von außen zu ihnen kam, zu streiken begannen und die Fabriken besetzten. Das Element, das sie mobilisierte und vereinte, war nicht eine Plattform von Forderungen; diese kam danach, als es zu spät war – und um den Streik zu rechtfertigen. Auch wenn Motive traditioneller Forderungen nicht fehlten, so ist doch

doch interessant festzustellen, daß die Forderungen später kamen, als die Fabriken bereits besetzt waren.

*Ursprung des Mai scheint also kein unmittelbar materielles Element, kein besonders explosiver Strukturwiderspruch gewesen zu sein?*

Im Herbst 1967 hat etwas eine allgemeine Unzufriedenheit unter den Arbeitern hervorgerufen, und zwar die reaktionären Maßnahmen der Regierung hinsichtlich der Sécurité Sociale (staatliche Sozialversicherung). Diese Maßnahmen haben die gesamte werktätige Bevölkerung betroffen, gleich welcher Kategorie. Die Gewerkschaften kamen nicht dazu, sich diesen Maßnahmen zu widersetzen, sei's weil sie von ihnen überrascht wurden, sei's weil sie sich nicht zu sehr engagieren wollten. Es fand, wenn ich mich dessen recht erinnere, ein eintägiger Generalstreik statt; dabei blieb es dann. Aber ein tiefes und unartikuliertes Unbehagen blieb bestehen; es brach dann aufs neue mit Macht während der Mai-Versammlungen aus. Es gibt heute ein neues, mögliches Element der Vereinigung: d. i. der absolut vergebliche Charakter, den die damals erzwungenen Lohnerhöhungen durch die seitherige Preiserhöhung und Entwertung erhalten haben. Aber es ist nicht einfach, im voraus zu wissen, ob und wann diese Elemente von Unzufriedenheit zu einer gemeinsamen Revolte führen. Im Mai dagegen fand diese Revolte statt; meiner Meinung nach lag das zündende Element weniger darin, daß die Arbeiter sich ihrer Ausbeutung bewußt wurden, sondern vielmehr darin, daß sie sich ihrer Stärke und ihrer eigenen Möglichkeiten bewußt wurden.

*Dennoch war diese Mai-Revolte eine Niederlage; auf sie folgte ein Sieg der Reaktion. Lag es daran, daß sie in sich keine Elemente aufwies, die fähig gewesen wären, die Revolution bis an ihr Ende zu führen, oder daran, daß ihr eine politische Führung fehlte?*

Es fehlte ihr eine politische Führung, die fähig gewesen wäre, ihr jene politische und theoretische Dimension zu verleihen, ohne die die Bewegung einfach erlöschen mußte – wie das ja in der Tat der Fall war. Es fehlte ihr eine Partei, die vollständig hätte die Bewegung und deren Möglichkeiten verantwortungsvoll auf sich nehmen können. Freilich, wie könnte eine institutionalisierte Struktur, wie die Kommunistische Partei, sich einer Sache zur Verfügung stellen, von der sie überrumpelt wird? Wie könnte sie in sich selbst die notwendige Disponibilität aufweisen, um nicht durch ein «Versuchen wir, die Kastanien aus dem Feuer zu holen» oder ein «Versuchen wir, die Bewegung an uns zu ziehen, damit sie uns nicht entgleitet» zu reagieren, sondern indem sie sagt: «Das ist die Realität, diese muß ich auf mich nehmen, und ich muß mich anstrengen, sie theoretisch und praktisch zu verallgemeinern, um sie wachsen zu lassen und sie voranzutreiben»? Eine kommunistische Partei, die unfähig ist, sich so zu verhalten, wird zu dem, was seit 25 Jahren praktisch die französische Kommunistische Partei ist: eine Bremse jeglichen revolutionären Versuchs in Frankreich. Alles, was nicht von ihr allein kommt, verneint oder unterdrückt sie.

*Wenn Sie die kommunistischen Parteien, so wie sie sind, kritisieren, so behaupten Sie gleichwohl die Notwendigkeit von Vereinigung und Organisation der Bewegung?*

Gewiß; hier liegt genau das Problem. Wir stehen einer Reaktion gegenüber, einer starken und komplexen kapitalistischen Herrschaft, die enorme Möglichkeiten der Repression und Integration besitzt. Dies erfordert natürlich eine Gegenorganisation von seiten der Klasse. Das Problem ist nur, wie man diese Gegenorganisation hindern kann, dadurch zu zerfallen, daß sie zu einer «Institution» wird.

*Einverstanden. Es ist immerhin interessant festzustellen, daß die Notwendigkeit einer politischen Organisation der Klasse einer Vorhersage von Marx zu widersprechen scheint, nach der – mit der Entwicklung des Kapitalismus einhergehend – das Proletariat sich unmittelbar in einer revolutionären Bewegung ausdrücken würde, also ohne die Hilfe einer politischen Vermittlungsinstanz. Dieser These lag die Überzeugung zugrunde, daß eine Krise des Kapitalismus binnen kurzer Zeit auftreten würde und daß in seinem Schoße mit dem System unvereinbare Zwänge entstehen würden – zum Beispiel daß die Entwicklung der Produktivkräfte in Widerspruch zu dem Mechanismus der kapitalistischen Entwicklung treten würde. Später sah Lenin in der Sozialisierung des Eigentums ein Element, das in gewissem Maße fähig wäre, nachdem erst einmal der politische Apparat des bürgerlichen Staates zerschlagen ist, den Umschlag in die sozialistische Verwaltung vorzubereiten. Wir müssen heute einsehen, daß diese Thesen unzureichend sind. Die Produktivkräfte treten nicht direkt in Widerspruch zu dem System, weil sie nicht etwas Neutrales und Objektives, sondern ein Produkt des Systems sind, weil sie sich an den Prioritäten des Systems ausgerichtet haben und von diesem geprägt sind . . .*

Ja, diese Kräfte müssen sich nicht notwendig bekämpfen; sie wurden von diesem Entwicklungstypus hervorgebracht – was man im wissenschaftlichen Bereich an den Forschungsprioritäten (wie z. B. der Weltraumforschung) sehen kann. Und was die Sozialisierung des Eigentums betrifft: selbst wenn es inkorrekt ist, hier von «Klasse» zu sprechen, so muß man doch zugestehen, daß sie die Bürokratie und eine bestimmte Technokratie hervorgebracht hat und diesen die zweifelhafte Macht verlieh, die Massen zu kontrollieren und sie in eine autoritäre Gesellschaft zu integrieren.

*Der Übergang vom Kapitalismus zum Sozialismus weist nicht dieselben Merkmale auf wie der Übergang vom Feudalismus zur Bourgeoisie. Die kapitalistischen Produktionsverhältnisse haben sich progressiv im Innern der feudalen Gesellschaft herausgebildet, und zwar so weit, daß die feudale Gesellschaft, als sie zusammenbrach, nur noch die leere*

*Hülle einer strukturell verschiedenen Wirklichkeit, die in ihrem Schoße bereits ausgereift war, darstellte. Genau dies kann für das Proletariat nicht zutreffen; das Proletariat kann sich im Innern des Kapitalismus nicht embryonal als eine alternative sozialistische Organisation ausdrücken . . .*

Weder von der Struktur, den Produktionsverhältnissen, noch von den Ideen her. Seit der Renaissance war die Kultur schon nicht mehr feudal, sondern bereits bürgerlich; neue soziale Gruppen, wie die *«noblesse de robe»*, waren bürgerlich. Dieser Prozeß begleitete die Errichtung kapitalistischer Produktionsverhältnisse und ging ihr voraus. Das Schwangergehen mit der Bourgeoisie dauerte Jahrhunderte und drückte sich in der vorhergehenden Gesellschaft in einer *gegenwärtigen* Alternative aus. Das kann sich für das Proletariat nicht wiederholen – nicht einmal vom Gesichtspunkt der Kultur aus. Denn das Proletariat besitzt keine ihm eigene Kultur: entweder benutzt es die Elemente der bürgerlichen Kultur, oder es weist jegliche Kultur total zurück – wodurch es die Inexistenz seiner eigenen Kultur bestätigt. Man wendet jedoch ein, daß das Proletariat eine «Wertskala» besitze, die nur ihm selbst eigen ist. Gewiß will das Proletariat, da es die Revolution will, etwas anderes als das, was ist. Aber ich mißtraue solchen Ausdrücken wie «Wertskala», da sie sich sehr leicht in ihr Gegenteil verkehren. Die Studentenrevolte ist ein typischer Ausdruck für diese Schwierigkeit einer Gegenkultur: eine Verweigerung, die wegen der fehlenden eigenen Entfaltung damit endet, eine Reihe von Ideologismen des Gegners (begriffliche Vereinfachung, Schematismus, Gewalt usw.) zu übernehmen; und dieser Charakter von Anleihe bleibt auch dann erhalten, wenn diese Ideologismen mit einem entgegengesetzten Vorzeichen versehen werden.

*Die antikapitalistische Revolution ist also zugleich reif und nicht reif. Der Klassenantagonismus bringt den Widerspruch hervor, aber er besitzt nicht aus sich selbst heraus die Kraft, die Alternative zu produzieren. Dennoch, wenn man die Revolution nicht auf einen reinen Voluntarismus, auf reine, revolutionäre Subjektivität, reduzieren will oder, im umgekehrten Sinne, nicht in den Evolutionismus zurückfallen will, auf welcher objektiven materiellen Basis kann man dann eine revolutionäre Alternative rekonstruieren?*

Ich wiederhole: eher über die Entfremdung als über die «Bedürfnisse». In einem Wort: über die Wiederherstellung der Person und der Freiheit. Diese Notwendigkeit ist so gegenwärtig, daß selbst die raffiniertesten Integrationstechniken nicht umhin kommen, sie zu berücksichtigen, weshalb sie versuchen, sie in einer Scheinwelt zu befriedigen. Jedes *human engineering* beruht auf der Idee, daß der Herr sich zu seinem Knecht verhält, *als wenn* dieser ihm gleich wäre, da ja kein Mensch diesem Recht auf Gleichheit entsagen kann. Und der Arbeiter, der in die Falle der *«human relations»* des Paternalismus geht, wird zum Opfer dieser Idee, genau in dem Maße, in dem er eine wirkliche Gleichheit wollte.

*Das ist wahr. Aber wie kann man dann aufzeigen, daß diese neuen Bedürfnisse vom fortgeschrittenen Kapitalismus produziert werden und nicht einfach die Residuen eines «Humanismus» der präkapitalistischen Gesellschaft sind? Vielleicht muß man die Antwort gerade in den der Entwicklung des Kapitals inhärenten Widersprüchen suchen; denn die Entwicklung des Kapitals erfordert zum Beispiel gleichzeitig eine Parzellierung der Arbeit wie eine Allgemeinbildung, die viel umfassender ist, als es die Rolle, die der Arbeiter spielen muß, erfordert; sie erfordert gleichzeitig die quantitative und qualitative Fortentwicklung der Ausbildung wie den Mangel an Berufsmöglichkeiten, die Erhöhung der Ansprüche wie die Unmöglichkeit, sie zu befriedigen – in einem Wort: die permanente Frustration der fundamentalen Produktivkraft, die der Mensch selbst ist.*

Die Entwicklung des Kapitals vergrößert also die Proletarisierung. Nicht im Sinne der absoluten Pauperisierung, sondern durch die beständige Erniedrigung, die in der Beziehung zwischen den neuen Bedürfnissen und den von den Arbeitern gespielten Rollen liegt; eine Erniedrigung, die nicht durch die Krise, sondern durch die Entwicklung hervorgerufen wird.

*Die revolutionäre politische Organisation der Klasse beinhaltet also nicht nur die Individuation der Widersprüche und die Vereinheitlichung des Kampfes, sondern auch die Ausarbeitung einer Alternative. Es scheint uns, daß dieses Problem im Mai unterschätzt worden ist. Diejenigen, deren Position von Marcuse oder vom Spontaneismus Cohn-Bendits inspiriert waren, jammerten ausschließlich über die Negation; aber es gelang ihnen auch nicht, den Fortgang des Kampfes zu sichern, da in einer komplexen und entwickelten Gesellschaft eben der größte Teil der Menschen sich das Problem des* Danach *stellen kann. Obwohl die Arbeiterklasse unterdrückt und entfremdet ist, besitzt sie tatsächlich ihre Subsistenzmittel, was sie dazu zwingt, sich zu fragen, wie man sie erhalten kann und wodurch man das, was zerstört worden ist, ersetzt (was den Wechsel zwischen Kampf und Angst vor den Konsequenzen erklären könnte).*

*Andererseits sehen auch die Cohn-Bendit entgegengesetzten Positionen – zum Beispiel die von Touraine und Mallet – nicht die Notwendigkeit, eine Alternative vorzuschlagen, weil nach ihrer Ansicht die Entwicklung der Produktivkräfte und die subjektive Reifung der Massen eine Selbstorganisation und Selbstverwaltung der Gesellschaft unmittelbar möglich gemacht hätten. Auch dies scheint uns unrichtig zu sein; denn wenn es wahr ist, daß die Entwicklung des Kapitalismus die Möglichkeit der Revolution reifen läßt, während sie neue Bedürfnisse und neue Kräfte schafft, so ist ebenso wahr, daß diese das System, das sie hervorruft, widerspiegeln. Das ist der Grund, warum die plötzliche Aufhebung des Mechanismus notwendig einen Produktionssturz nach sich zieht; es ist illusorisch zu glauben, daß der Sozialismus das vom Kapitalismus vererbte, aber selbstverwaltete Produktivsystem wäre. Es handelt sich bestimmt um ein verschieden aufgebautes System, in einem nationalen und internationalen Kontext, der handelt und auf es einwirkt. Man muß daher auf die Notwendigkeit eines Übergangsplans, eines Entwurfs der Alternative, eines revolutionären* Projekts, *das eine Idee der neuen Gesellschaft wäre, schließen. Wir kommen also nochmals auf das Problem der Vereinigung, der politischen Antizipation und der Partei zurück.*

Ganz gewiß ist eine Theorie des Übergangs zum Sozialismus vonnöten. Nehmen wir an, daß in Frankreich oder in Italien die Situation sich verschärft und zur Machtübernahme führt. Welche Ideen hat man darüber, wie ein hochindustrialisiertes Land auf einer sozialistischen Basis ökonomisch wiederaufgebaut werden kann, während es gleichzeitig dem Boykott von außen unterliegt, die plötzliche Entwertung des Geldes und die Blockierung des Exports über sich ergehen lassen muß? Die UdSSR befand sich nach der Revolution in einer ähnlichen Lage. Trotz der schrecklichen Opfer und der enormen Kosten, die der Sowjetunion durch den Bürgerkrieg auferlegt wurden, trotz der politischen und ökonomischen Umzingelung, die sie zu erwürgen drohte, waren dennoch die Probleme, die sie zu lösen hatte, weniger komplex als die Probleme, die sich heute in einer fortgeschrittenen Gesellschaft stellen würden. Darauf ist niemand – und am allerwenigsten die kommunistischen Parteien – vorbereitet. Sie sprechen von der Notwendigkeit einer politischen Perspektive für den Übergang. Mag sein. Aber welche unter den vielen kommunistischen Parteien hat denn eine Theorie des revolutionären Übergangs für ein nichtautarkes Land des fortgeschrittenen Kapitalismus erarbeitet?

*Seit den zwanziger Jahren wurde das Problem des Übergangs zum Sozialismus von den kommunistischen Parteien in den Ländern des fortgeschrittenen Kapitalismus kein einziges Mal auf die Tagesordnung gesetzt.*

Ganz richtig. Vor allem nicht nach dem Krieg und den Jalta-Verträgen. Man hat also nicht wirklich über die Alternative nachgedacht. Und diese Tatsache ist nicht sekundär, wenn man verstehen will, was aus den kommunistischen Parteien geworden ist. In dem Buch ‹*Les Communistes français*› von Annie Kriegel fällt das Urteil über die französische Kommunistische Partei insgesamt sehr hart aus. Dennoch bleibt stillschweigend der Eindruck bestehen, daß die Partei als solche, für Annie Kriegel, trotz all der Fehler und Mängel, die sie aufgezählt hat, und wenn man von ihrer Politik absieht, eine Alternative darstellt – mehr noch: die proletarische Alternative zur kapitalistischen Gesellschaft in Frankreich. Diese

Argumentation hat überhaupt keinen Sinn. In dem Moment, wo wir darin Übereinstimmung erzielen, daß die politische Organisation der Klasse notwendig ist, müssen wir uns gleichzeitig darüber Rechenschaft ablegen, daß die «historischen» Institutionen der KP den Aufgaben, die wir ihnen zusprechen wollen, völlig inadäquat sind. Wir sagten soeben, daß ohne ein Moment von Vereinigung des Kampfes, ohne kulturelle Vermittlung und positive Antwort, man über die Revolte nicht hinauskomme – und die Erfahrung zeigt, daß die Revolte immer politisch geschlagen wurde. Nun gut; aber das ändert nichts an der Tatsache, daß eine institutionalisierte Partei nicht in der Lage ist, eine vermittelnde Funktion zwischen Kultur und Kampf auszuüben; sie vermag dies nicht, weil das, was noch verworren, nicht systematisiert, aber *wahr* (da Reflex der Erfahrung) von den Massen gedacht wird, vollständig entstellt wird, sobald es durch die ideologischen Mechanismen der Partei übersetzt wird und einen völlig verschiedenen Bezug zu dem, was wir Kultur nennen, aufweist. Damit das Schema, das Sie vorschlagen, funktioniert, müßte die Partei beständig in der Lage sein, gegen ihre eigene Institutionalität anzukämpfen. Ohne dies wäre die gesamte Argumentation schon verfälscht. Wenn der kulturelle Apparat der kommunistischen Parteien nahezu gleich Null ist, dann nicht, weil es an Intellektuellen von Rang mangelt, sondern weil die Existenzweise der Partei deren kollektive Anstrengung des Gedankens paralysiert. Aktion und Denken können von der Organisation nicht abgetrennt werden; man denkt so, wie man strukturiert ist; man handelt so, wie man organisiert ist. Aus diesem Grunde hat sich das Denken der kommunistischen Parteien völlig verknöchert.

*Trennen wir für einen Moment die theoretische Hypothese – wie soll die revolutionäre politische Organisation der Klasse aussehen – von der Lage der Tatsachen. Historisch gesehen haben sich die kommunistischen Parteien angesichts der III. Internationale, der politischen und ideologischen Ereignisse in der Sowjetunion und im sozialistischen Lager gebildet. Sie stellen eine Wirklichkeit dar, die auf die Bildung der Klasse eingewirkt und Seinsweisen, Ideologien, Verlagerungen der Kräfte induziert hat. Heute dagegen haben wir eine Klassenbewegung vor uns, die, zum erstenmal in Europa, danach strebt, sich in ein dialektisches Verhältnis zu den kommunistischen Parteien zu stellen, und sich, wenn überhaupt, partiell mit ihnen identifiziert. Diese Bewegung lastet schwer auf den kommunistischen Parteien, und sie ist dazu aufgerufen, entweder von ihnen zurückgestoßen zu werden oder sie zu verändern. Die Hypothese, daß sie ganz einfach durch die Parteien absorbiert werden könne, scheint uns nicht annehmbar zu sein; das Beispiel der Studenten beweist das wohl. In beiden Fällen stellt sich das Problem einer neuen Seinsweise der Partei – entweder durch die Krise und Erneuerung der existierenden Parteien oder durch eine neue Organisation des einheitli-*

*chen politischen Ausdrucks der Klasse. Ist eine solche neue Seinsweise möglich? Ist eine Partei dazu verdammt, sich zunehmend zu institutionalisieren und sich von der Bewegung, von der sie doch hervorgebracht wurde, zu lösen – so wie Sie es vorhin aufzeigten –, oder kann man sich eine Organisation vorstellen, die fähig wäre, permanent gegen die Begrenzungen, die Sklerose und die Institutionalisierung, welche sie von innen her bedrohen, zu kämpfen?*

Obwohl ich die Notwendigkeit einer Organisation anerkenne, sehe ich nicht, wie sich die Probleme, die sich jeder stabilisierten Struktur stellen, lösen ließen.

*Das, was Sie gerade behaupteten, ließe sich so resümieren: die politische Partei müßte das Aufblühen und die Autonomie der Massenkämpfe sichern, statt sie zu bremsen; sie müßte ebenso die Entwicklung einer Gegenkultur sichern, und schließlich müßte sie der permanenten Dialektik, dem Typus der Rationalität und der sozialen Beziehungen, auf denen die Gesellschaft ruht, eine globale, synthetische Antwort entgegenstellen können. Dieses scheinen die spezifischen Aufgaben der Partei zu sein, da diese Aufgaben wegen ihres globalen Charakters die Probleme, die das spezifische Moment des Kampfes – die fusionierende Gruppe – lösen kann, übersteigen.*

Ja, aber sie können dennoch nicht ohne sie gelöst werden.

*Einverstanden! Um aus diesem Zirkel herauszukommen, kann man einige Hypothesen vorbringen. Um der Institutionalisierung zu entgehen, muß sich die revolutionäre Partei vor allem so verstehen, daß sie permanent* im Dienste *eines Kampfes steht, welcher seine* eigenen *Merkmale, seine autonome politische Ebene besitzt. Diese impliziert die Überwindung des leninistischen bzw. bolschewistischen Modells der Partei, nach dem es eine beständige Trennung zwischen dem rein gewerkschaftlichen Moment des Massenkampfes und dem politischen Moment, für das nur die Partei zuständig sei, geben würde. Lediglich in den Räten wurde versucht, diese Trennung zu überwinden. Diese Überwindung entspricht einem Modell von* sozialer, *nicht nur* politischer *Revolution, einer Revolution, in der die Macht nicht von der Partei, sondern von den Räten übernommen wird. Weiterhin muß die revolutionäre Bewegung folgenden Mangel des Leninismus überwinden: die Theorie der Revolution war bisher sehr viel eher eine «Theorie der Machtübernahme» als eine «Theorie der Gesellschaft». Daraus resultiert die Unfähigkeit der kommunistischen Parteien, die fortgeschrittenen kapitalistischen Gesellschaften zu analysieren und die Ziele, die die Revolution erreichen soll, zu präfigurieren; in anderen Worten: die Unfähigkeit, die von der Bewegung artikulierten neuen Bedürfnisse zu verstehen und anzugeben, wie man sie befriedigen könnte. (Genau dies geschah mit den Studenten. Die Probleme, die die Studenten sich stellten – Rolle der Erziehung, Verhältnis der Erziehung zur Gesellschaft, die Formen und Inhalte eines* *nichtautoritären Wissens –, wurden weder verstanden noch gelöst.) Drittens ist eine permanente Forschung notwendig, damit die Theorie in der Lage ist, die von der Bewegung geschaffenen Tatsachen zu verarbeiten. Eine politische Organisation der Klasse, die marxistisch sein will, reflektiert nicht allein a posteriori; sie interpretiert die Erfahrung mittels einer Methodologie, eines a priori gegebenen «Rasters»* (grille*)*, sie benutzt Kategorien wie «Kapital», «Klasse», «Imperialismus» etc. Kurz, ein methodologisch-theoretisches Moment des Marxismus, das sich mit der Erfahrung des Kampfes dialektisiert und das die Konstruktion einer Alternative leitet bzw. leiten müßte. In dem Maße also, in dem die Beziehung zwischen Partei und Klasse offen bleibt, muß eine Lösung dieser drei Probleme gefunden werden – wobei klar ist, daß allein diese Offenheit dazu fähig macht, gleichzeitig den Partikularismus einer fragmentarischen Erfahrung und die Institutionalisierung des vereinenden politischen Moments zu verhindern.*

Damit bin ich einverstanden, allerdings unter der Bedingung, daß diese Dialektik sich als Doppelherrschaft manifestiert und man nicht vorgibt, sie innerhalb des politischen Moments zu lösen. Selbst dann noch bleiben viele Probleme zu lösen. Sie sprechen von einem methodologisch-theoretischen «Raster», das gewissermaßen a priori gegeben ist und durch das hindurch die Erfahrung zu interpretieren ist. Aber bleibt der Begriff des *Kapitals* nicht unfruchtbar und abstrakt, wenn man nicht immer wieder von neuem die Analyse des modernen Kapitalismus mittels einer permanenten Forschung und Infragestellung der Resultate der Forschung und des Kampfes entwickelt? Das *wahre* Denken ist gewiß *ungeteilt* – aber seine Einheit ist dialektisch; es ist eine lebende, sich bildende Realität. Zwischen den Menschen muß eine Beziehung hergestellt werden, die nicht allein die Freiheit, sondern vielmehr die *revolutionäre* Freiheit des Denkens garantiert, die es ihnen erlaubt, sich vollständig das Wissen anzueignen und es zu kritisieren. Übrigens verfuhr das Denken immer so; nur der «Marxismus» der kommunistischen Parteien ging niemals derart vor. Um die schöpferische Kultur ihrer Mitglieder zu erweitern, um ihnen zu erlauben, ein Maximum wahren Wissens zu erlangen, muß die Partei – die politische Organisation der Klasse – ihnen die Möglichkeit garantieren, zu erfinden und sich gegenseitig zu widersprechen, statt sich als Verwalter eines gesicherten Wissens zu gebärden. Wenn man nach draußen schaut, sieht man, daß die Diskussion über den Marxismus noch niemals so fruchtbar wie jetzt war, weil – vor allem seitdem der Monolithismus zerbrach und das Problem der Mannigfaltigkeit des Sozialismus sich stellte – es eine Pluralität marxistischer Forschung und innerhalb dieser offene Auseinandersetzungen und Nichtübereinstimmungen gibt.

* *grille* = Raster, Gitter, ist ein dem Strukturalismus entlehntes Konzept.

*Aber es handelt sich viel eher um Nichtübereinstimmung hinsichtlich der Exegese der heiligen Schriften, um einen Streit über Interpretationen, als um eine Erneuerung des Ansatzes, um eine schöpferische Interpretation der Realität.*

Das ist nicht ganz wahr. Gewiß dominiert die Diskussion über die Texte. Aber nehmen wir das Beispiel von Althusser: er führt keine schlichte Exegese durch. Man findet bei ihm eine Theorie des Begriffs (*concept*), des autonomen theoretischen Wissens, des Studiums der Widersprüche, ausgehend vom dominierenden Widerspruch, der «Überdeterminierung» (*surdétermination*). Das sind eigenständige Untersuchungen, die ohne eine neue theoretische Arbeit nicht in Frage gestellt werden können. Was mich persönlich betrifft, so war ich, um mich gegen Althusser zu stellen, gezwungen, die Idee des «Begriffs» (*notion*) zu überprüfen und eine Reihe von Konsequenzen daraus zu ziehen. Dasselbe kann man für den von Lévi-Strauss eingeführten Begriff der «Struktur» sagen, den einige Marxisten mit mehr oder weniger Glück zu benutzen versuchten. In anderen Worten: eine authentische Diskussion erfordert immer eine Anstrengung und führt zu neuen theoretischen Ergebnissen. Wenn man also Forschung will, dann muß immer eine Struktur etabliert werden, die die Diskussion garantiert; ohne diese würde selbst das theoretische Modell, das die politische Organisation der Klasse als Experiment für die Wirklichkeit vorschlagen würde, inoperant bleiben. Hier liegt ein permanenter Widerspruch der Partei, eine Schranke für alle kommunistischen Parteien. Ebenso komplex ist die Hypothese einer «offenen» Beziehung zwischen einer einheitlichen politischen Organisation der Klasse, der Partei, und dem Moment der Selbstverwaltung der Massen, den Räten oder Sowjets. Wir dürfen nicht vergessen, daß im nachrevolutionären Rußland, wo dies ja versucht wurde, die vereinigenden Organisationen der Massen sehr schnell verschwanden und nichts weiter als die Partei übrig blieb. Es handelte sich um einen dialektisch notwendigen Prozeß, der in der Sowjetunion die Partei dazu führte, die Macht zu übernehmen, die in der Tat die Sowjets hätten übernehmen und bewahren sollen. Vielleicht könnte dies heutzutage anders sein, aber in den Jahren der Umzingelung der UdSSR durch die kapitalistischen Länder, des Bürgerkrieges und der furchtbaren inneren Beschränkungen scheint der Prozeß, der die totale Auflösung der Sowjets mit sich brachte, hinreichend verständlich zu sein. Aus diesem Grunde kam ich dazu zu schreiben, daß man hinsichtlich der UdSSR statt von einer Diktatur *des* Proletariats viel eher von einer Diktatur *für* das Proletariat sprechen müßte, in dem Sinne, daß die Partei die Aufgabe übernahm, die Bourgeoisie zugunsten des Proletariats zu zerstören. Andererseits war es für das Überleben der UdSSR unvermeidlich, daß das Proletariat – wie überall, wo eine Revolution stattfand – sich aufgefordert sah, auf das zu verzichten, was vor der Revolution die allerspezifischsten Ziele seines

Kampfes ausmachte – wie die Erhöhung der Löhne und die Arbeitszeitverkürzung. Man konnte nicht anders handeln, denn es fiel den Arbeitern sehr schwer, auf diese Ziele von selbst zu verzichten, zumal sie die Erfahrung der Selbstverwaltung an ihren Arbeitsplätzen gemacht hatten. Schließlich, um auf die heutigen Zustände zu kommen, scheint es mir schwierig zu sein, daß eine Organisation von Sowjets oder Räten sich bilden kann, wenn es eine starke «historische» Artikulation der Klasse – wie die Gewerkschaft oder Partei – gibt. In Frankreich haben wir die Erfahrung mit den *«comités d'action»** gemacht. Diese haben sich sehr schnell aufgelöst, nicht weil sie verboten wurden, sondern weil die Gewerkschaften die Zügel wieder fest in die Hand nahmen.

*Der letzte Widerspruch muß nicht unaufhebbar sein. Jeder gewerkschaftliche Kampf, der nicht allein eine Verhandlung über die Löhne, sondern auch über die Arbeitsrhythmen, die Zeiten, die Organisation und Kontrolle der Arbeit beinhaltet, beweist die Notwendigkeit* direkter *Organisationsformen der Arbeiter. Ohne die einheitliche Versammlung der Basis, die autonom ist und ein entwickeltes politisches Niveau aufweist, kann eine Verhandlung von solcher Reichweite gar nicht geführt werden. Der gewerkschaftliche Kampf zwingt uns also dazu, das Problem der direkten Institutionen der Klasse wieder aufzudecken; dies Problem ist eine Tatsache der Erfahrung und nicht eine Erfindung von Intellektuellen. Gewiß kollidieren diese neuen Formen mit dem Konservatismus und Bürokratismus. Aber sie müssen gleichzeitig über gewisse Grenzen, die ihnen eigen sind, Rechenschaft ablegen. Von diesem Gesichtspunkt aus ist die italienische Erfahrung interessant: die Alternative zwischen der Partei bzw. der Gewerkschaft und der Bewegung ist nicht immer, wie sie behaupten, die der totalen Ablehnung oder des bloßen Transmissionsriemens.*

*Wir haben eine soziale Spannung vor uns, die ihre eigenen Formen gewinnt und die zugleich auf den traditionellen Institutionen der Klasse lastet, ohne daß sie ein Gleichgewicht in diesen oder jenen findet. In der Tat, wenn die existierenden Schranken der Gewerkschaft bekannt sind, so weisen andererseits auch die Institutionen der direkten Demokratie ihre Schranken auf: während sie im allgemeinen während der Agitation vollkommen funktionieren – wie dies bei den kürzlichen Arbeitskämpfen bei FIAT der Fall war –, so laufen sie andererseits in der Folge doch Gefahr, unbewußt zu Instrumenten der Trennung zwischen der einen Gruppe und der anderen, zwischen der einen Fabrik und der anderen zu werden – also dem Unternehmertum nützlich zu sein. Bildet in einem*

* Die «comités d'action» wurden während der Mai-Revolte gebildet; sie erfüllten unter anderem folgende Aufgaben: Agitation, Streik, Versorgung der besetzten, aber weiter produzierenden Fabriken. In ihnen waren Arbeiter und Studenten gemeinsam organisiert.

*solchen Moment die traditionelle Gewerkschaft trotz all ihrer Schranken nicht doch einen Schutz gegen die Zerbrechlichkeit der neuen Institutionen? Insgesamt läßt sich also sagen, daß die Bewegung heute viel reicher und komplexer ist als ihr politischer Ausdruck.*

Was auf jeden Fall mir in Ihrem Schema interessant vorkommt, ist die vorgeschlagene Dualität der Herrschaft. Das heißt eine offene und irreduzible Beziehung zwischen dem *vereinenden* Moment, das der politischen Organisation der Klasse zukommt, und den Momenten von Selbstregierung, den Räten, den fusionierenden Gruppen. Ich insistiere auf diesem Wort: irreduzibel; denn zwischen den beiden Momenten kann nur eine permanente Spannung herrschen. Die Partei wird in dem Maße, in dem sie sich als «im Dienste» der Bewegung stehend versteht, immer versuchen, diese auf ihr eigenes Interpretations- und Entwicklungsschema zu reduzieren. Die Momente von Selbstregierung werden immer versuchen, ihre lebendige Partialität auf den widersprüchlichen Komplex des sozialen Gewebes zu projizieren. In diesem Kampf kann sich vielleicht der Beginn einer reziproken Transformation manifestieren, die indessen – wenn sie revolutionär bleiben soll – nicht umhin kann, in die Richtung einer zunehmenden Auflösung des Politischen im Schoße einer Gesellschaft, die zur Vereinheitlichung wie auch zur Selbstherrschaft tendiert, zu gehen, das heißt jene soziale Revolution zu vollenden, die mit dem Staat auch alle anderen spezifisch *politischen* Momente aufhebt. Es handelt sich insgesamt um eine Dialektik, die dem Marxschen Entwicklungsschema entspricht. Bis heute ist dies nicht erreicht; vielleicht werden die Bedingungen dafür in den Gesellschaften des fortgeschrittenen Kapitalismus entstehen. Auf jeden Fall ist dies eine Hypothese, über die man arbeiten muß.

# Das brasilianische Volk im Kreuzfeuer seiner Bourgeoisie

***Témoignage chrétien*, 29. Januar 1970 (Rede auf einer Solidaritätsversammlung für das brasilianische Volk)**

Wir sind nicht hier, um unser Mitleid mit den Gefangenen zu bekunden, die in Brasilien auf niederträchtige Weise gefoltert werden; sie befinden sich im Kampf, und es ist unsere Aufgabe, uns ihrem Kampf anzuschließen. Allzuoft wird im Falle Brasiliens angenommen, hier handle es sich nur um eine Panne der Demokratie; in Wirklichkeit ist das Problem ganz anders gelagert, und was sich gegenwärtig in Brasilien abspielt, gibt uns eine Vorstellung vom möglichen und sogar wahrscheinlichen Schicksal vieler europäischer Länder. Jahrelang hat die Kommunistische Partei Brasiliens auf die Karte des national orientierten Unternehmertums gesetzt, indem sie sagte: «Man muß die nationale Bourgeoisie, die im Grunde eine völlig autonome Wirtschaft anstrebt, in ihrem Kampf gegen den Imperialismus unterstützen. Später können wir dann wieder zum Klassenkampf zurückkehren.» Das Scheitern der nationalistischen Bourgeoisie im Jahre 1964 ist eine Quittung für diese Taktik und diese Politik. In anderen Worten: Wir dürfen nicht von der Vorstellung ausgehen, es gäbe zum Beispiel im Falle Brasiliens eine gute, das hieße nationale Bourgeoisie, und eine schlechte, die mit dem Imperialismus paktiert. Es gibt nur eine einzige Bourgeoisie, deren Haltung sich je nach ihren momentanen Interessen ändert.

Der nationale Sektor der brasilianischen Bourgeoisie hatte versucht, den Binnenmarkt in die Hand zu bekommen, indem er die Importgüter durch inländische Konsumgüter ersetzte. Eine solche Bourgeoisie konnte also nur von der zunehmenden Verelendung Brasiliens leben; so gesehen, hat sie das Vordringen des Imperialismus im heutigen Brasilien vorbereitet. Man muß einfach wissen, daß sie dazu gezwungen war, mit den großen Feudalherren des Nordostens gemeinsame Sache zu machen, die die Bauern in entsetzlichem Elend halten, die aber die großen Devisenbringer waren und die man deshalb rücksichtsvoll behandeln mußte. Aus diesem Grund hat die nationale Bourgeoisie niemals eine Agrarreform verwirklicht, obwohl sie von Zeit zu Zeit ihre Absicht dazu beteuerte. Andererseits muß man berücksichtigen, daß der Wohlstand der nationalen Bourgeoisie stets von schweren Wirtschaftskrisen begleitet war, weil das Volk sich auf Grund der reduzierten Kaufkraft wieder brasilianischen Produkten zuwandte. Schließlich darf man nicht vergessen, daß diese Bourgeoisie nur entstehen konnte, weil sie sich auf ein riesiges Arbeitslosenheer stützte, wobei sie der Arbeitslosigkeit indirekt Vorschub leistete; denn dadurch konnte sie die Produktionskosten auf ein Minimum senken, während die Gewinne stiegen, von denen sie allein profitierte. Um konkurrenzfähig zu bleiben, mußte sie weder ihre Produkte verbessern noch ihre Technologie, noch die Lage der brasilianischen Wirtschaft insgesamt.

Diese Politik der nationalen Bourgeoisie, deren Existenzbedingungen wir hier gesehen haben, hat schließlich dazu geführt, daß das Land verarmte und daß die brasilianische Wirtschaft zur leichten Beute des US-Imperialismus werden konnte. Und als um das Jahr 1961 eine unvermeidbare Wirtschaftskrise eintrat, bekam der andere Teil der brasilianischen Bourgeoisie, jener, der mit dem Imperialismus kollaboriert hatte, wieder Auftrieb und sah für sich eine neue Chance. Vergessen wir nicht, daß dieser Kampf zwischen den beiden Fraktionen der brasilianischen Bourgeoisie bis auf das Jahr 1945 zurückgeht und daß der Staatsstreich von 1964 nur das Ende dieses Kampfes war, der 1945 mit dem Sturz von Vargas begonnen hatte und in dessen weiterem Verlauf Vargas im Jahre 1951 an die Macht zurückkehrte und 1954 Selbstmord beging; dann kam 1955 der – im übrigen mißglückte – Versuch, die Machtergreifung durch Kubitschek zu verhindern, und schließlich 1961 der erzwungene Rücktritt von Quadros. Dieser Kampf hat jedoch, auch wenn er oft zugunsten der nationalen Bourgeoisie ausgegangen ist, einen riesigen Zustrom ausländischer Investitionen in Brasilien nicht verhindert: Von 1946 bis 1950 220 Millionen Dollar und von 1960 bis 1964 743 Millionen Dollar. 1961 kamen auf 66 Unternehmen mit mehr als 1 000 000 Cruzeiros Betriebskapital 32 ausländische Unternehmen mit 34 Prozent und 19 brasilianische Unternehmen mit 11 Prozent des Gesamtkapitals. In dieser Situation war es 1964 den Militärs ein leichtes, ihren Staatsstreich mit dem Segen – und vielleicht mit noch mehr – der Vereinigten Staaten zu machen, um ein für allemal mit der nationalen Bourgeoisie abzurechnen. Bezeichnenderweise ist diese Bourgeoisie verschwunden. Denn eine der ersten Maßnahmen der Militärregierung bestand darin, die Kredite zu kürzen, so daß die nationalen Unternehmen gezwungen waren, zu verkaufen oder aber sich dem ausländischen Kapitalismus zu assoziieren. So also fand die Versöhnung der beiden Fraktionen der Bourgeoisie statt, was trefflich beweist, daß es im Grunde stets nur eine einzige gegeben hatte, daß nur ihre Interessen Schwankungen unterworfen waren. Als nächstes erließ die Regierung ein Dekret, das ausländischen Investitionen Sicherheit garantierte und die ausländischen Unternehmen ermächtigte, die Höhe der in der Folge von Unruhen oder Streiks erlittenen Einbußen selbst festzusetzen und von der brasilianischen Regierung Schadenersatz zu verlangen, für den natürlich das brasilianische Volk aufzukommen hatte. Daraufhin konnten die Imperialisten und die Bourgeoisie sich in aller Ruhe einer möglichst umfassenden Ausplünderung Brasiliens widmen, und die Regierung brauchte nur noch den Widerstand des Volkes gegen diese Ausplünderung niederzuhalten, also eine permanente Unterdrückung zu organisieren.

Nelson Rockefeller besuchte im Auftrag Nixons 1969 die Staaten Lateinamerikas, und in seinem Bericht erklärte er unter anderem: «Es gibt demokratische Regierungen, und es gibt Militärregierungen; doch man darf die Militärregierungen nicht nach Maßgabe irgendeiner Ideologie beurteilen, ausschlaggebend ist vielmehr allein ihre Haltung gegenüber den Vereinigten Staaten.» Auf der anderen Seite weist er darauf hin, daß diese Militärdiktatoren oft nur über veraltete Waffen verfügen und daß man ihnen mehr Waffen verkaufen müßte, damit sie ihr Land besser verteidigen könnten. Hier kann man sich fragen: «Gegen wen? Gegen wen bildet man denn in Panama oder in den Vereinigten Staaten selbst brasilianische Soldaten aus? Gegen die Sowjets? Gegen die Chinesen?» Niemand kann sich eine Invasion der einen oder der anderen in Brasilien vorstellen. In Wirklichkeit vertrauen die Brasilianer ihre Soldaten den Amerikanern an, damit die Amerikaner ihnen beibringen, auf das brasilianische Volk zu schießen. Die Armee dient immer weniger der Verteidigung und immer mehr der inneren Repression.

Deshalb sollte die brasilianische Linke uns in zweifacher Hinsicht als Beispiel dienen. Einmal als negatives Beispiel vor 1964, weil sie zu jener Zeit auf ein Bündnis zwischen der nationalen Bourgeoisie und dem Volk gegen den Imperialismus setzte; und wir haben gesehen, wie gründlich sie verraten worden ist und wie sehr sie sich geirrt hat. Zum anderen als positives Beispiel nach 1964, denn von da an hat sie begriffen, daß das einzige Mittel, den Imperialismus und seine Verbündeten im eigenen Lande zu bekämpfen, der bewaffnete Kampf ist.

Die Entscheidung für diesen bewaffneten Kampf ist unumgänglich. In der Tat wird dort inzwischen gegen eine Demonstration mit blankem Säbel vorgegangen oder mit Schußwaffen. Der massenhafte Kampf in Form großer Demonstrationen, wie sie vor einigen Jahren in Brasilien noch üblich gewesen sind, ist deshalb unmöglich und wirkungslos geworden. Der bewaffnete Kampf bleibt damit zwangsläufig der letzte Ausweg: Widerstand durch Stadt- und Landguerilla.

Eine Zeitlang waren die entstandenen Gruppen zersplittert und haben sich gegenseitig geschwächt. Dann ging die «Volksbewegung», die zunächst durch große Demonstrationen agieren wollte, dann aber ihren Irrtum erkannte, zum bewaffneten Kampf im Untergrund über; als nächste entschloß sich auch die Kommunistische Partei Brasiliens – die nicht die brasilianische KP, sondern eine Partei maoistischer Prägung ist –, den bewaffneten Kampf aufzunehmen; es gab noch andere Organisationen, die man nicht alle aufzählen muß. Vor einiger Zeit hat der bewaffnete Kampf zur Vereinigung dieser Truppen geführt, ein Zusammenschluß, dessen Notwendigkeit Carlos Marighela* gesehen hat. Aus diesem Grund hatte er verlangt, daß die fünfzehn Gefangenen, die nach der Entführung des Botschafters der Vereinigten Staaten in Brasilien, Charles Burke Elbrick, freigelassen wurden, verschiedenen Richtungen angehören sollten. Marighela war der Ansicht, der Zusammenschluß dürfe im übrigen nicht auf Brasilien beschränkt bleiben; ihm ging es darum, *«auf das globale Konzept des US-Imperialismus mit einem globalen lateinamerikanischen Konzept zu antworten»*.

Der Feind tritt geschlossen auf; folglich muß auch die Antwort einstimmig erfolgen. Ein gewisser Monroe hat gesagt: *«Amerika den Amerikanern»* – jetzt aber wird diese Doktrin interpretiert als *«Südamerika den Nordamerikanern»*. Es gilt also, die Einheit im Kampf eines unterdrückten Südamerika gegen ein unterdrückendes Nordamerika herzustellen.

Der heldenhafte Kampf, den die Brasilianer vor unseren Augen führen, muß uns Anlaß sein, über unsere eigene Situation nachzudenken. Auch bei uns gibt es eine nationale Bourgeoisie, und es gibt ebenso amerikanische Investitionen. Täglich können wir in den Wirtschaftsnachrichten lesen, dieses oder jenes französische Unternehmen setze auf die internationale Karte, was im Klartext heißt, daß es von einer amerikanischen Bank finanziert wird; auch kann man lesen, diese oder jene amerikanische Gesellschaft, beispielsweise aus dem Bereich der Datenverarbeitung, habe sich für Frankreich «entschieden», was einen nicht sehr *«feinen»* Zug bemäntelt. De Gaulle auf der einen Seite und Pompidou auf der anderen – ähneln sie nicht den beiden Fraktionen der brasilianischen Bourgeoisie? Der eine vertritt einen im übrigen fruchtlosen Nationalismus, der andere befürwortet den Zustrom amerikanischen Kapitals. Man kann den Vergleich noch weiterführen: Glauben Sie nicht, daß man auch bei uns Obristen und Kommandeure finden kann, die zur Unterstützung derjenigen bereit sind, die *«auf die internationale Karte»* setzen?

Es gehört also nicht nur zu unserer Pflicht, die brasilianischen Revolutionäre in ihrem Kampf zu unterstützen; es geht um unser eigenes Interesse, es geht um unsere eigene Freiheit.

* Carlos Marighela, Triebfeder und Begründer der «Nationalen Befreiungsbewegung» (ALN) mit zentristischer Tendenz, hatte zahlreiche Banken überfallen und so auf dem Wege der «Enteignung» 700000 Dollar erbeutet und den brasilianischen Botschafter der Vereinigten Staaten entführt; am 4. November 1969 geriet er in einen Hinterhalt der Polizei und wurde getötet. (Siehe: Alves/Detrez/Marighela: ‹Zerschlagt die Wohlstandsinseln der Dritten Welt›. Rowohlt (= rororo aktuell 1455) 1971.

# Der Fall Geismar

## Vorwort zu Akten gegen Alain Geismar, Editions Hallier, Paris 1970

Die Zeitungen haben über den Geismar-Prozeß berichtet, die meisten jedoch fanden das Urteil «zu hart». Es ist nicht zu hart: Es ist willkürlich und ungerecht. Das geht aus der Lektüre der Prozeßakten hervor. Wir veröffentlichen sie hier nicht, um von der Bourgeoisie irgendwelche Nachsicht zu fordern gegenüber Revolutionären, die sie entmachten wollen, sondern um zu zeigen, daß man sich aus der Illegalität nicht seinen Teil heraussuchen kann: Die Gesetze, die die Bourgeoisie sich gegeben hat, auch sie bilden ein Ganzes. Wenn die Regierung glaubt, sie in einem einzelnen Fall verletzen zu können, dann kann sie nicht umhin, alle Gesetze in allen Fällen zu verletzen. Zunächst hat man gegen Le Bris und Le Dantec einen Gesinnungsprozeß angestrengt; damit ist die Freiheit der revolutionären Presse aufgehoben worden. Das mußte zur reinen Willkür führen: zur Auflösung von *La Gauche prolétarienne*, zur Verhaftung von Geismar, das heißt zur Verletzung der Gesamtheit der juristischen Bestimmungen, die man *Habeaskorpusakte* nennt.

Es hat eine Protestversammlung gegen den Prozeß gegen die Herausgeber von *La Cause du Peuple* stattgefunden. Schon zu Beginn dieser Versammlung riefen die etwa fünftausend Teilnehmer: «Am 27. auf die Straße!» Mehrere Redner sprachen vor dieser äußerst erregten Menge, mit der sie weitgehend einer Meinung waren. Doch ein einziger ist verhaftet worden: Geismar, der acht Minuten gesprochen hatte und der – wie die anderen – den Zuhörern noch einmal das sagte, was sie hören wollten, nicht demagogisch, sondern, wie er im Prozeß sagte, «weil dies den Bedürfnissen der Massen entsprach». Wie kann man annehmen, ein einziger Mann – oder sieben oder acht, das macht keinen Unterschied – könnte durch seine Worte fünftausend Demonstranten auf die Straße bringen? Wer glaubt denn das außer dem Staatsanwalt? Ein Redner – ob er nun sagt: «Alle auf die Straße!» oder wie 1789: «Alle zur Bastille!» – findet nur Gehör, wenn er ausspricht, was seine Zuhörer empfinden. Noch bevor die Versammlung überhaupt begonnen hatte, wußte jeder, was er dort wollte: Wie soll man sich dann vorstellen, die Redner – oder einer von ihnen – hätten die Massen zu der Aktion *aufgestachelt*? Wenn Geismar nicht gesprochen hätte, wäre das Ergebnis zweifellos dasselbe gewesen. Es sei denn, man nimmt an, die Leute im Saal seien vor seinem Auftreten indifferent gewesen, und seine Worte hätten auf sie wie ein elektrischer Funke gewirkt und sie zu unmotivierter Gewalt angestiftet.

Indessen wird er für die Vorgänge vom 27. *allein* haftbar gemacht. Was ist nun tatsächlich passiert? Das Gericht gibt darüber keine Auskunft: Kein einziges ärztliches Attest, keine einzige Aussage von Zeugen der Anklage – etwa eines verletzten Polizisten oder eines Einsatzleiters, der Verletzungen seiner Leute angegeben hätte. Im übrigen räumt der Staatsanwalt ein, daß «es sich um Prellungen und nicht um Verletzungen handelt». Ist es zu Gewalttätigkeiten gekommen? Ohne Zweifel: Doch wer hat damit angefangen? Man muß nur die Zeugenaussagen der Leute lesen, die in Censier waren: Die Polizei hat Tränengasgranaten gezielt auf die Demonstranten abgefeuert. Diese warfen mit harten Gegenständen zurück. Demgegenüber hat die Polizei auf dem Quai nicht mit Tränengas geschossen, und die Demonstranten sind infolgedessen dort auch nicht zum Gegenangriff übergegangen. Nach den Augenzeugenberichten ist es ganz offensichtlich, daß die Polizei auf eine harte Konfrontation aus war, daß es aber nicht dazu gekommen ist. Das Schema der Ereignisse wird deutlich: Auf der Versammlung kommt man zu dem Entschluß: Demonstration auf der Straße. Höheren Orts ist man an einer Demonstration interessiert, bei der Blut fließt; einige Verletzte wären wünschenswert. Bedauerlicherweise haben die «Ordnungskräfte» keine zu verzeichnen; die einzigen Verletzten gibt es unter den Demonstranten: Das jedoch ist «unerheblich»; die Polizei hat «die Freiheit verteidigt», nichts weiter. Und dennoch hat man auf Grund dieser Demonstration Geismar zu achtzehn Monaten Gefängnis verurteilt.

Tatsächlich ist das aber nicht der wahre Grund. Er ist verurteilt worden, weil er als einer der Wortführer der ehemaligen *Gauche prolétarienne* gilt. Innenminister Marcellin hat mit der Auflösung dieser Partei einen großen Bock geschossen. Er hat sinngemäß folgendes gesagt: «Ich löse sie auf, denn ihre Mitglieder werden sie wiedergründen wollen, und dann können wir sie einsperren.» Im Klartext heißt das: Jeder, der einmal Mitglied von *La Gauche prolétarienne* war, ist *von vornherein schuldig.* Was er auch tut, er wird, wenn die Polizei ihn faßt, verurteilt werden. Das zeigt der Fall eines früheren Mitglieds von *La Gauche prolétarienne*, der kürzlich zu sechs Monaten verurteilt wurde wegen Wiedergründung einer aufgelösten Vereinigung, und zwar, weil in seiner Tasche ein Exemplar von *La Cause du Peuple* gefunden worden war. Aus dem gleichen Grund ist Geismar von vornherein schuldig: Achtzehn Monate Haft erwarteten ihn, ebenso wie dieser höchst merkwürdige Prozeß ohne Zeugen der Anklage, ohne Beweise. Ihn erwartet die «strenge» Strafe, die die Cour de Sûreté unter den gleichen Umständen verhängen wird. Wie man sieht, sind in seinem Fall die bürgerlichen Garantien außer Kraft gesetzt: Das Ganze ist ein abgekartetes Spiel; es ist nicht nötig, seine Schuld erst zu *beweisen*; sie steht von vornherein fest; die Regierung muß nicht einmal neue Strafgesetze erlassen: Es genügt, wenn die vorhandenen grob verfälscht werden. Die Lektüre der Prozeßakten ist in dieser Hinsicht sehr aufschlußreich. Die Bourgeoisie hat keine Ideologie und keine Moral mehr, die sie ihren Opponenten entgegensetzen könnte. Sie hat sich ihrer mit gesetzlichen Mitteln erwehrt (durch Verabschiedung verschärfter Strafgesetze, wie zum Beispiel des *«anti-casseur»*-Gesetzes*) und greift jetzt zu ungesetzlichen Mitteln (Verfahrenstricks, die zur Grundlage der Rechtsprechung werden). Und damit steuert sie unausgesprochen die Abschaffung der formalen Freiheiten an oder vielmehr: der Freiheit auf dem Papier, denn eine andere gibt es nicht.

Für unseren Kampf bedeutet das, daß diese Freiheit nicht einfach als ein Mythos für die Unterdrückten und Ausgebeuteten verstanden werden darf. Sicher ist sie das *auch*, aber deshalb, weil sie abstrakt bleibt. Eine sozialistische Gesellschaft wird die abstrakte Freiheit und ihre Garantien nicht aufheben: Sie wird sie vervollständigen, sie wird die konkrete Freiheit errichten, die keineswegs die Meinungsfreiheit und die Pressefreiheit, die Versammlungsfreiheit oder die *Habeaskorpusakte* antasten, sondern ihnen eine wirkliche, die einzig taugliche Basis geben wird, denn sie ist nichts anderes als die integrale Freiheit des Volkes. Unser Kampf muß jedenfalls *auch* auf dieser Ebene geführt werden: Wir müssen die Regierung und die herrschenden Klassen zwingen, die bestehenden Gesetze einzuhalten, *ohne sie zu verfälschen*. Dies ist notwendig, und sei es nur aus einem einzigen Grund: Wenn sich die Staatsmacht an das Gesetzbuch hält, so hat sie keine Mittel mehr, die revolutionären Bewegungen zu unterdrücken.

* Gesetz zur Ahndung «vorsätzlicher» Sachbeschädigung, unter Ausklammerung politischer Motive (Anm. d. Übers.).

# «Die Dritte Welt beginnt am Stadtrand»

**Diskussionsbeitrag bei einer von der UGIS veranstalteten Diskussion anläßlich der Veröffentlichung des *‹Livre des travailleurs africains en France*, Maspero, Paris1970**

Was einem bei der Lektüre dieses Buches deutlich wird, ist, daß an der Situation, in der sich die afrikanischen Arbeiter – und übrigens viele andere Gastarbeiter – befinden, nicht Achtlosigkeit und nicht nur Rassismus schuld sind: Die Überausbeutung der afrikanischen Arbeiter ist eine Notwendigkeit für die kapitalistische Wirtschaft Frankreichs.

Man sagt oft, die USA hätten ihre Kolonien «bei sich zu Hause», im eigenen Land; nun, was Frankreich gerade unternimmt, ist der Versuch, die verlorenen Kolonien bei sich neu zu gründen. Insbesondere erfahren wir, wie das System funktioniert, nach dem die afrikanischen Arbeiter in unsere Wirtschaft integriert werden.

Zunächst stellt das Buch einen Aspekt klar: den der «Illegalität». Die Illegalität ist eine Farce. In Wirklichkeit haben wir es mit einer richtigen Immigrations-Politik zu tun. Einer der befragten Afrikaner bringt das sehr gut zum Ausdruck: «Man kommt nicht zu Fuß aus dem Senegal angereist, man kommt per Schiff; folglich kommt das Schiff in einem Hafen an, in Marseille zum Beispiel; und wie könnten dreißig oder fünfzig afrikanische Arbeiter von Bord gehen, wenn die Polizei es nicht dulden würde?» Diese Duldung folgt einerseits ganz offensichtlich den Direktiven der Unternehmerpolitik; andererseits muß sie von den afrikanischen Arbeitern teuer bezahlt werden. Mit anderen Worten: Sie zahlen dafür, daß man sie ins Land hereinläßt, in ein Land, in dem es dann obendrein heißt: «Kein Mensch hat diese Leute eingeladen; wir kennen sie überhaupt nicht; wir haben ihnen gegenüber keinerlei Verantwortung. So? Sie leben in Elendsquartieren? Es sind eben zu viele!» Es sind zu viele, aber auch wieder nicht so viele, daß die französische Wirtschaft nicht für alle Verwendung hätte. Ihre große Zahl erlaubt es auch, ihnen für die kleinste Äußerung mit der Ausweisung zu drohen; schließlich hatte sie ja niemand eingeladen!

Sie sehen: Um das Problem zu erfassen, muß man zuerst einmal diese vortreffliche Farce der Illegalität als genau diejenige Form der Immigration begreifen, die den Unternehmern zusagt. Früher importierte das Mutterland aus den Kolonien Rohstoffe. Es tut das übrigens heute noch, auf neokolonialistische Weise. Das erklärt, wie es sehr treffend beschrieben worden ist, die Zerstörung der Strukturen der afrikanischen Länder zum Nutzen ihrer ehemaligen Mutterländer. Das erklärt auch, warum (und hier schließt sich der Kreis) die Gastarbeiter immer zahlreicher werden; denn in ihren Ländern wird die Lage zunehmend schwieriger. Und was holt man jetzt mit diesen Menschen ins Land? Man möchte sie gewissermaßen als «menschlichen Rohstoff» importieren; das heißt, man will sie als unqualifizierte Arbeitskräfte haben: unqualifiziert, weil gerade die Qualifikation den französischen Arbeitern vorbehalten bleibt. Man verweigert ihnen also systematisch Ausbildungsmöglichkeiten, wenn sie an Ort und Stelle sind. Als einer von ihnen zum Beispiel fragte – man findet das alles in diesem Buch –, ob er eine Ausbildung bekommen, einen qualifizierten Beruf haben könne, bekam er zur Antwort: «Wir brauchen hier keine Facharbeiter, nicht einmal angelernte Arbeiter, was wir brauchen, sind Hilfsarbeiter.»

Somit ist es ausgemachte Sache, daß diese Arbeiter auf die unterste Stufe ihrer Möglichkeiten eingeschränkt bleiben sollen. Und wenn sich ein senegalesischer oder sonst ein afrikanischer Arbeiter um eine Stelle bewirbt und er bereits über eine bestimmte Qualifikation verfügt, so gibt man ihm entweder eine Arbeit, die weit unter seiner Qualifikation liegt (es gibt zum Beispiel in Le Havre hervorragend ausgebildete Köche, die seit dreißig Jahren in einem Hotel als Spüler arbeiten), oder falls sie in ihrem Beruf arbeiten können, werden sie weit unter dem für ihren Beruf üblichen Tarif bezahlt. Wie zum Beispiel jener Lastwagenfahrer, der – ich weiß nicht mehr, bei welchen Stadtwerken – auch tatsächlich als Lastwagenfahrer angestellt ist, aber als Straßenarbeiter bezahlt wird.

Es handelt sich hier also offensichtlich um eine allgemein geübte Praxis. Diese Praxis bietet den Unternehmern große Vorteile: Zum einen sind die Importierten «gebrauchsfertige» Menschen; das heißt, die Unternehmer und ganz allgemein die französische Wirtschaft müssen nicht für die Kosten der Kindheit aufkommen, wofür normalerweise Investitionen notwendig wären. Um zu arbeiten, muß man mindestens vierzehn oder fünfzehn Jahre alt sein, und zwischen der Geburt und dem Moment, da man in die Fabrik, in den Betrieb oder anderswo eintritt, liegen fünfzehn unproduktive Jahre. Diese fünfzehn Jahre fallen vollständig weg, wenn man ausgewachsene Menschen importiert, Menschen also, die nach drei Tagen Anlernzeit sofort einsatzfähig sind. Diese Menschen, und von ihnen gibt es eine Million – ich spreche nicht nur von den Senegalesen –, bedeuten also für die französischen Unternehmer eine beträchtliche Einsparung. Außerdem verrichten sie Arbeiten, die die französischen Arbeiter immer weniger zu tun bereit sind, und dadurch werden sie – wie es sehr treffend beschrieben wird – nicht in die französische Arbeiterklasse integriert, sondern von ihr abgelehnt. Sie rangieren noch eine Stufe unter den französischen Arbeitern. So entsteht ein Rassismus, der für das Kapital äußerst nützlich ist. Des weiteren wird mit allen Mitteln verhindert, daß sie Eingang in das französische Leben finden und dort weiterkommen können wie jeder Franzose. Man achtet sehr darauf, daß sie ihre Muttersprache beibehalten und keine zweite Sprache lernen, in der sie sich mit ihren französischen Kollegen verständigen könnten. Man sieht es höchst ungern, wenn sie lesen und schreiben lernen. Immer wenn auf diesem Gebiet etwas getan wird, sind es Freiwillige und in der Regel französische Revolutionäre, die diese Aufgabe übernehmen. Von offizieller Seite wird für die Alphabetisierung nichts getan. Warum? «Keine Elite – kein Ärger», hieß es in Belgisch-Kongo (was übrigens später dann sehr viel Ärger verursacht hat).

Schließlich gestattet man ihnen gerade noch, daß sie sich untereinander zusammenschließen: Die UGTSF ist eine sogenannte «Ausländerorganisation»; eine Ausländerorganisation kann jedoch durch einen Erlaß des Innenministers ohne Angabe von Gründen aufgelöst werden. Infolgedessen erfolgt jeder Zusammenschluß immer nur auf Widerruf. Schließlich spart man zum Beispiel bei der Sozialfürsorge, die den Gastarbeitern eigentlich zusteht, auf folgende Weise umfangreiche Beträge ein: Familienbeihilfe wir nur gewährt, wenn sie mit Familie gekommen sind; nun kann man aber davon ausgehen, daß die meisten afrikanischen Arbeiter ihre Familie nicht mitbringen, denn sie sind ja gerade hierhergekommen, um ihrer Familie Geld für den Lebensunterhalt schicken zu können. Folglich wird diese Beihilfe entweder überhaupt nicht ausbezahlt, oder aber, wenn sie gelegentlich doch gewährt wird, nach einem sehr niedrigen Satz. Gleichzeitig wird den afrikanischen Arbeitern gesagt: «Man nimmt euch nichts weg, denn das ganze Geld fließt in den Sozialförderungsfonds zurück, mit dessen Mitteln zum Beispiel Wohnheime gebaut werden müssen.» Man mache sich einmal diesen grandiosen Schwindel klar: Man verlangt von den afrikanischen Arbeitern, daß sie selbst mit dem Geld, auf das sie Anrecht haben, Häuser bauen, die nachher dem Staat gehören und deren Nutznießer sie jeweils nur kurze Zeit sind; denn da ist ja noch dieses berühmte Rotationssystem, das es gestattet, diese gebrauchsfertigen Menschen, wenn sie von Anstrengung und Krankheit ausgelaugt sind, durch frischen Nachschub zu ersetzen. Sie wohnen also höchstens zwei oder drei Jahre in den Wohnheimen, die sie bezahlt haben. Es handelt sich hier also, wie man sieht, um einen Schwindel und zugleich um einen weiteren Vorteil für die französische Industrie. Der afrikanische Arbeiter ist demnach über-ausgebeutet, und zwar deshalb, weil die französische Wirtschaft außerstande ist, innerhalb Europas konkurrenzfähig zu bleiben, wenn sie sich nicht dieser unterbezahlten Arbeitskräfte bedienen würde, deren Lohnniveau niedriger als das der französischen Arbeiter ist.

Hier nimmt die ganze Misere ihren Ausgang – deshalb also die Unterkünfte, in denen sie faktisch leben müssen, denn die Heime, die für sie gebaut werden müßten, werden eben nicht gebaut. Und dann die Diskriminierung, die ständig drohende Gefahr der Ausweisung und schließlich die tatsächlichen Ausweisungen (in diesem Buch sind alle seit 1968 erfolgten Ausweisungen aufgeführt). Ganz allgemein gesagt werden Menschen zu Abertausenden verschlissen; man schickt sie in ihre Länder zurück, ohne ihnen eine Berufsausbildung gegeben zu haben, mit Krankheiten, die sie sich auf Grund des Klimawechsels und vor allem durch die ungesunden Lebensverhältnisse zugezogen haben. Sie sind die ganze Zeit ausgebeutet, ja überausgebeutet worden; und das alles wissentlich und allein deshalb, weil man diese im Grunde koloniale Arbeitskraft benötigt.

Aus diesem Grund bin ich der Meinung, daß jedermann dieses Buch lesen sollte, weil man sich die Mechanismen der Überausbeutung durch Tatsachen und nur durch Tatsachen, nicht durch Theorien, klarmachen kann; und weil wir tatsächlich Kolonien im eigenen Land haben wie die USA, mit dem Unterschied jedoch, daß die Situation der Schwarzen in den USA trotz allem nicht ganz so schlimm ist wie die der Afrikaner, die bei uns arbeiten.

# Die ganze Wahrheit

***Le Monde***, 27. Mai 1970

General Ovando hatte versprochen, die «Politischen» in Bolivien zu amnestieren. Am festgesetzten Tag kam keine Amnestie: weil, so erklärte er, man in ganz Bolivien keinen einzigen politischen Gefangenen habe finden können. Und so bleibt Régis Debray, der bekannte Unpolitische, weiter hinter Gittern.

«Es gibt keine politischen Gefangenen in Frankreich» – das könnte auch Pompidou gesagt haben. Und er hätte recht – wie General Ovando. Schauen Sie die Listen durch, in der Santé, in Fresnes, in den Provinzstrafanstalten. Sie werden keinen einzigen finden. Wie könnte es auch anders sein, im Land der Freiheit? Dennoch häufen sich seit einigen Monaten die Vorladungen, die Haussuchungen und die Verhaftungen. Das Land der Freiheit hat die wachsamste Polizei der Welt. Es vergeht kein Tag, an dem man nicht in der Zeitung lesen kann, daß junge Leute – und *immer* nur junge – wegen Gewalttaten verurteilt werden, deren Sinn für uns dunkel bleibt. Frankreich wird offenbar von einer Flut von Verbrechen überschwemmt. Die Regierung zimmert Gesetze, die uns vor der jungen Generation schützen sollen. Die Gerichte fällen immer strengere Urteile. Man beschlagnahmt Zeitungen, ehe man sie überhaupt gelesen hat, was gleichbedeutend ist mit einer Wiedereinführung der Vorzensur. Gleichviel, die Regierung wäre höchst erstaunt, wenn man ihr den Vorwurf machte, sie habe sich auf die gefährliche Bahn der politischen Repression begeben.

Dreizehn Monate für Frédérique Delange, die an der Aktion gegen Fauchon* beteiligt war? Na klar, sie ist doch eine Diebin: Das Gericht hat sie wegen Diebstahls verurteilt und damit Punktum. Dieses in höchstem Maße unangemessene Urteil verrät trotz allem eine gewisse Verlegenheit: Wenn Frédérique Delange etwas *für sich* gestohlen hätte, etwa ein Kleid in einem Warenhaus – die Kunden machen ja oft lange Finger –, wäre das Urteil weit weniger hart ausgefallen. Ja, wird man sagen, sie war dabei eben nicht allein. Ausgezeichnet: In diesem Fall ist sie Mitglied einer «kriminellen Vereinigung». Dieses Delikt ist im Gesetz vorgesehen und wird strenger bestraft. Warum wurde dann aber nicht deswegen Anklage gegen sie erhoben? Dafür ist die FLN noch in zu frischer Erinnerung. Ehe sie in Evian als rechtmäßiger *politischer* Verhandlungs-

* Größtes Pariser Delikatessengeschäft (Anm. d. Übers.).

partner anerkannt wurde, hatte man diejenigen, die ihr angehörten, nur als Mitglieder einer kriminellen Vereinigung sehen wollen. Eine einzelne Diebin also, doch gleichzeitig steht sie für eine Vielzahl. In ihrer Person bezahlen ihre angeblichen Helfershelfer 3000 Franc an die Firma Fauchon: den Preis für *sämtliche* entwendeten Waren. Aus der mir vorliegenden Liste greife ich wahllos Namen heraus: Marc Labaye, Gewaltanwendung gegenüber Polizeibeamten, zwei Monate; zwei Monate für André Dauyssert wegen Einwerfens eines Schaufensters. Er war des Einbruchs beschuldigt worden, und man hatte ihn so gründlich verhört, daß sein Trommelfell geplatzt ist. Es gibt noch andere Fälle dieser Art, viele andere, gut hundert davon. Was sind das denn für Leute? Wildgewordene? Trunkenbolde? Und warum sind sie so darauf versessen, Polizisten zu prügeln und Scheiben einzuschlagen? Man erfährt es nicht. Auch nichts über ihre Gründe.

Le Dantec und Le Bris haben ihre Mitbürger zum Mord aufgerufen und befinden sich in Untersuchungshaft, während der dritte Herausgeber* von *La Cause du Peuple* auf freiem Fuß ist. Man muß annehmen, daß der letztere als «Politischer» eingestuft wird und daß er, sollte gegen ihn Anklage erhoben werden, nicht in Untersuchungshaft kommen wird – was übrigens bei Verstößen gegen das Pressegesetz seit über hundert Jahren üblich ist –, dagegen sind die beiden erstgenannten Herausgeber Delinquenten im Sinne des gemeinen Rechts. Sie stehen übrigens unter der gleichen Anklage wie die siebzig, gegen die im Lauf der letzten Monate gleichfalls nach gemeinem Recht Anklage erhoben worden ist, und die in Wirklichkeit revolutionäre Militante sind, inhaftiert wegen politischer Motive. Die Regierung hat nämlich ein festes Ziel: die Gruppen der extremen Linken zu zerschlagen, indem sie eine größtmögliche Zahl ihrer Militanten einsperrt, und ihre Stimme zum Schweigen zu bringen, indem sie ihre Zeitungen systematisch beschlagnahmt. Dieses Vorgehen will sie dadurch verschleiern, daß sie den Inhaftierten die Möglichkeit entzieht, die wahre Bedeutung ihrer Handlungen darzulegen. Mit anderen Worten: Es gilt um jeden Preis zu verhindern, daß jener Alptraum autoritärer Regierungen Wirklichkeit wird – ein politischer Prozeß.

Ich war bei der Verhandlung gegen Roland Castro, einen von denen, die nach dem Tod von fünf Gastarbeitern beschlossen hatten, den Sitz des französischen Arbeitgeberverbandes (CNPF) zu besetzen, und ich konnte sehen, mit welch plumpen und doch wirksamen Verfahrensmethoden das Gericht zu verhindern wußte, daß der Angeklagte, seine Anwälte und seine Zeugen über die Hintergründe sprachen. Von der Besetzung der CNPF, dem eigentlichen Anklagegrund, der freilich unterschlagen wurde, war deshalb *niemals* die Rede. Es ging nur um eine einzige Frage: Hatte Castro – der versucht hatte, aus dem Bus zu entkommen, in den die

* J.-P. Sartre (Anm. d. Übers.).

Polizei die Demonstranten gepfercht hatte – Gewalthandlungen gegenüber den Polizisten begangen oder nicht? Aus diesem Grunde wurden alle Zeugenaussagen zu den Motiven für die Besetzung und zur Gewaltanwendung der Polizei – Verprügeln der Demonstranten, die unbewaffnet waren und keinen Widerstand leisteten – systematisch abgelehnt. Alle Aussagen, die die politische Aktivität Castros betrafen, wurden vom Gericht als Leumundszeugnis ausgelegt. Ein afrikanischer Arbeiter, der darlegen wollte, wie Castro und seine Genossen sich bemüht hatten, den Arbeitern, die Analphabeten waren, Lesen und Schreiben beizubringen, bekam zur Antwort: «Kurz und gut, Sie haben uns also die lautere Gesinnung des Angeklagten bezeugt.»

Wir alle haben den schwarzen Humor gespürt, der diesen Prozeß kennzeichnete. Man forderte uns auf, die *ganze* Wahrheit zu sagen. Wir wurden vereidigt. Und sogleich bemerkten wir auch das Mißverständnis: Für das Gericht war die Angabe der ganzen Wahrheit nur in bezug auf *einen Augenblick* von Interesse – nicht das Vorher und nicht das Nachher –, genau jenen Augenblick nämlich, als Castro auf der Flucht erneut gefaßt worden war. Hatte er Widerstand geleistet oder nicht? Was er im Polizei-Bus tat, die Motive für seine Flucht, der Grund für seine *illegale* Anwesenheit in den Räumen der CNPF: Von alldem wollte das Gericht nichts wissen. Der Vorsitzende selbst scheint etwas von der Ironie der Situation gespürt zu haben, als er sagte: «Da es sich um einen Vorgang handelt, der sich mit einer derartigen Schnelligkeit abgespielt hat, ist es normal, daß die Zeugenaussagen sich widersprechen.» Mit anderen Worten, eine Wahrheit, die auf einen kurzen Augenblick zusammengedrängt wird, ist nicht mehr nachprüfbar. Er schloß daraus, die Verurteilung des Angeklagten erfolge zu Recht.

Für uns bedeutet die *ganze* Wahrheit die volle Wahrheit. Und die volle Wahrheit ist der Bankrott einer Gesellschaftsordnung, die ausländische Arbeiter zu einem armseligen Leben und manchmal zu einem grausamen Tod verurteilt; die alte Arbeiter dazu verdammt, ihr Leben im Elend zu beschließen; die Millionen von Lohnabhängigen zwingt, ihre Arbeitskraft für einen Mindestlohn zu verkaufen; die Arbeiter unter Kündigungsdruck dazu zwingt, das willkürlich festgesetzte, oft unerträgliche Arbeitstempo einzuhalten; die die Fabrik zum Zuchthaus macht; die diejenigen, die gegen die Unfälle am Arbeitsplatz demonstrieren, einsperrt; die niemals jene behelligt, die für solche Unfälle verantwortlich sind, weil sie keine Sicherheitsvorkehrungen treffen wollten; die durch Begünstigung der Monopole unbedenklich die gesamte Klasse der Handwerker und der Kleinhändler beseitigt.

Die *ganze* Wahrheit: Diese permanente Unterdrückung provoziert Gegengewalt. Der Mai 1968 war deshalb kein Strohfeuer; dieser Aufstand ist zwar verraten, doch nicht für immer besiegt worden, und er hat tiefe Spuren bei den Arbeitern hinterlassen, vor allem bei den jungen.

Die Regierung will vertuschen, daß die Militanten, die sie aburteilen läßt, keine isolierten Ruhestörer sind und daß sie, indem sie absichtlich die Illegalität wählen – ein Schritt, der ganz einfach die Ablehnung der bürgerlichen Legalität bedeutet –, durch ihre Handlungen Ausdruck der Gegengewalt des Volkes sind.

Die *ganze* Wahrheit: Ziel der Staatsmacht ist es, die jungen Leute von den Massen abzuschneiden. Sie glaubt, dazu genügend Zeit zu haben, denn die arbeitenden Klassen sind weit davon entfernt, sich in ihrer Gesamtheit der Gewalt bewußt zu sein, die sich in ihnen angestaut hat. Obwohl sie vorgibt, die Freiheit der Bürger – *welche* Freiheit, *welcher* Bürger eigentlich? – gegen das Unwesen einiger Verrückter zu verteidigen, die von der Rechten als Faschisten und von der braven Linken – oder wie man heute mit unfreiwilligem Humor sagt: den klassischen Linken – als «Marcellin-Gauchisten» bezeichnet werden, so trifft ihre Repression in Wirklichkeit die gesamte Arbeiterschaft. Es hat wenig Sinn, sich darüber aufzuregen: Die Bourgeoisie ist in Gefahr, und sie verteidigt sich. Wer die *ganze* Wahrheit will, muß fordern, daß sie auch vor Gericht an den Tag kommt und daß der Prozeß gegen die Militanten zum Prozeß gegen das Regime wird. Am 27. Mai werden Le Bris und Le Dantec vor den Richtern erscheinen: Sie müssen als Ankläger auftreten und nicht als Angeklagte, um *als Politische* die repressive Politik der Regierung aufzudecken und anzuprangern.

# Erklärung auf der Pressekonferenz des «Komitees zur Befreiung der inhaftierten Soldaten» am 27. Januar 1970

***Rouge*** Nr. 50, 2. Februar 1970

Es handelt sich um vier Soldaten, die wegen Verbreitung linksradikaler Flugblätter der Anstiftung zur Befehlsverweigerung und Untergrabung der Moral der Truppe angeklagt waren. Im Januar 1970 veröffentlichte das «Komitee zur Befreiung der inhaftierten Soldaten» ein von Sartre und vielen anderen Schriftstellern unterzeichnetes Manifest, indem die sofortige Freilassung der vier Soldaten gefordert wurde. Um dieser Forderung Nachdruck zu verleihen, veranstalten Sartre und andere Unterzeichner am 27. Januar 1970 eine Pressekonferenz. Dennoch wurden drei der vier Soldaten am 6. Februar 1970 vom Militärtribunal in Rennes zu Gefängnisstrafen verurteilt.

Ich glaube, daß viele, die das Manifest für Devaux, Trouilleux, Hervé und Divet unterschrieben haben, alarmiert gewesen sind, weil die Festnahme dieser drei Männer und ihre Einzelhaft die schwere Krise sichtbar machen, in der sich die sogenannte nationale Armee befindet, eine Krise, die wir vor dem Hintergrund der Militärputsche sehen müssen, die überall in der Welt stattgefunden haben, besonders in Afrika und in Südamerika, und die irgendwann auch bei uns zu einem Militärputsch führen kann. Als Instrument der bürgerlichen Staatsmacht hat die Armee immer schon eine Doppelrolle gespielt. Nach außen diente sie unter dem Vorwand der Landesverteidigung den imperialistischen und kolonialistischen Interessen der herrschenden Klasse. Nachdem die französische Armee bei der Verteidigung des eigenen Landes 1940 geschlagen worden war, führte sie nach 1945 siebzehn Jahre lang ununterbrochen Kolonialkriege. Nach kurzer Unterbrechung macht sie nun im Tschad weiter. Im Innern ist sie das letzte Mittel der Regierung gegen das Volk. Es war Massu, an den sich de Gaulle 1968 in höchster Bedrängnis gewandt hat. Kurz: Ob gegen die Völker der Dritten Welt oder gegen das eigene Volk – sie ist immer gegen das Volk. Heute findet sie mit ihrer

Intervention im Tschad ihre kolonialistische Rolle wieder, nach siebzehn Jahren Niederlage, das heißt nachdem sie ihre Privilegien verloren hat und nachdem ihre Offiziere sich von der Zivilbevölkerung verraten fühlen. Im Zeitalter der Atomwaffen kann sie nicht einmal mehr behaupten, daß sie das Land verteidigen kann. Bei einer Konfrontation der beiden Blöcke fände sie sich schnell in den westlichen Block integriert und wäre unter dem Zwang der Umstände dem amerikanische Oberkommando unterstellt. So zeigt sich also heute ihre innenpolitische Rolle ganz unverhüllt. Sie ist Repressionsorgan der herrschenden Klasse, doch sie trägt einen Widerspruch in sich: Die Führung dieser volksfeindlichen Armee kommt aus einer Militärkaste, ihre Soldaten aber kommen aus dem Volk. Aus einem Volk, das seit Mai 1968 gezeigt hat, daß es sich der gewaltsam aufrechterhaltenen Ausbeutung heute schärfer bewußt ist, und dessen Kampfbereitschaft, vor allem bei der Jugend, beträchtlich gewachsen ist. So wurde schon der Putsch von Algier zum Scheitern gebracht, weil sich damals schon ein großer Teil der Wehrpflichtigen widersetzte. Sie hätten sich auch den Offizieren entgegengestellt, wenn diese im Juni 1968 den Befehl gegeben hätten, auf die französischen Arbeiter zu schießen. Mit anderen Worten: Die Wehrpflichtigen als bewaffnete Repräsentanten der zivilen Gesellschaft sind den Offizieren, die sie befehligen, verdächtig. Sie betrachten die Wehrpflichtigen als potentielle Verräter, und das um so mehr, als der Jahrgang, der gegenwärtig seinen Wehrdienst ableistet, aus eben jenen Studenten und Arbeitern besteht, die im Mai das Regime ins Wanken gebracht haben. Die Staatsmacht hat, wenn sie eine zuverlässige Streitkraft aufstellen will, nur eine Möglichkeit: Sie kann, langfristig gesehen, nur wieder eine Berufsarmee einführen. Und wie man weiß, hat sie das auch im Sinn. In der Zwischenzeit ist sie bemüht, ihre traditionelle Militärpolitik zu verschärfen, das heißt die Disziplinierung der Rekruten bis zum Äußersten zu treiben. Man weiß, wie das vor sich geht: Wenn Rekruten eingezogen werden, heißt das, sie werden aus ihrer Umwelt, aus ihrer beruflichen Tätigkeit herausgerissen und ein bis drei Monate lang in die Kaserne eingesperrt. Man unterwirft sie einer eisernen Disziplin, die sinnlos, willkürlich und auch militärisch gesehen wertlos ist und die aus ihnen, wie man so sagt, «Männer» machen soll. Man legt es darauf an, sie kleinzukriegen. Alles, was sie an Ideen und Neigungen innerhalb ihrer Umgebung und durch ihre sozialen und beruflichen Tätigkeiten bereits entwickelt haben, soll zerstört werden. Man stumpft sie obendrein durch Schikanen ab, die bis zur Anwendung physischer Gewalt gehen. Ein Beispiel dafür haben Sie hier eben gehört, aber man könnte beliebig viele andere nennen. Außerdem verbietet man ihnen im Namen der Neutralität der Armee die Lektüre sogenannter linker Zeitungen, zum Beispiel *Nouvel Observateur*, *Canard Enchaîné*, *l'Humanité*, während man aber den *Le Figaro*, *L'Aurore* und *Minute* uneingeschränkt zirkulieren läßt.

Den Eingezogenen, die isoliert, abhängig, entweder durch harten Drill erschöpft oder zum Nichtstum verdammt sind, wird jegliche politische Stellungnahme verboten, während die Offiziere sie indoktrinieren, wann immer sie können, und im Unterricht oder in Nebenbemerkungen äußern, die Streikenden gehörten erschossen, der Feind, das seien die UdSSR und China, und die Agenten dieser Länder hetzten bei uns die Leute auf. Aber gerade diejenigen, aus denen man heute durch eine systematische Gehirnwäsche Roboter machen will, haben vor etwa zwei Jahren angefangen, sich ihrer Situation in der kapitalistischen Gesellschaft bewußt zu werden. Deshalb verstärkt sich der Kampf in den Kasernen zwischen einer Militärkaste, die, verbittert über ihre Niederlagen, diejenigen dafür zahlen läßt, die sie für Rebellen hält, und den jungen Männern, die durch ihre Aktion erfahrener geworden sind und nicht mehr vergessen, was sie gelernt haben. Deshalb sind Devaux, Trouilleux, Hervé und Divet nicht nur Männer, die mutig die Schein-Neutralität der Armee und die physische Gewalt gegen Wehrpflichtige angeprangert haben. Ihr Fall zeigt auf exemplarische Weise, in welchem Maße sich innerhalb der Armee der Klassenkampf zuspitzt; denn sie haben ihre Kameraden aufgerufen, sich nicht als Streikbrecher einsetzen zu lassen, weil solche Konflikte nicht die Armee oder die nationale Verteidigung betreffen. Sie deswegen anzuklagen bedeutet, daß die jungen Soldaten gehorchen müssen, wenn sie den Befehl bekommen, zur Unterstützung des Unternehmertums gegen ihre Kameraden vorzugehen. Warum hält man sie in Einzelhaft? Warum versucht man, sie als Drogensüchtige hinzustellen? Weil man ein Komplott brauchte, das den Vorwand für verstärkte Repression im Inneren und eine beschleunigte Umwandlung der Armee in ein Berufsheer liefern sollte. Bezeichnenderweise schweigen sich die Zeitungen im Augenblick darüber aus. Man kann sich vorstellen, daß einige im passenden Moment losschreien, wenn das Manöver gelingen sollte.

Dieses Manöver darf nicht gelingen. Wir verlangen die sofortige Freilassung von Trouilleux, Devaux, Hervé und Divet, deren Verbrechen darin besteht, daß sie einen bestimmten linken Standpunkt vertreten haben, in einer Kaserne, in der die rechte Propaganda grassiert, die sich einbildet, das Monopol für Meinungsäußerungen zu besitzen. Angesichts der massiven Indoktrinierungsversuche der Staatsmacht fordern wir für die Soldaten das Recht auf politische Meinungsäußerung und das Recht, sich zu organisieren, und zwar jetzt. Doch müssen wir uns heute schon auf einen Kampf vorbereiten, mit dem langfristigen Ziel, jeden Versuch zur Wiedereinführung einer Berufsarmee zu verhindern, die die stärkste Waffe der herrschenden Bourgeoisie wäre. Wir müssen die Abschaffung der Kasernen und der Militärgerichte fordern und eine militärische Ausbildung des Proletariats. Keine Berufsarmee, keine «nationale» Armee, sondern die Volksarmee!

# Erstes Volkstribunal in Lens

**Am 12. Dezember 1970 fand in Nantes ein von *Secours Rouge* organisiertes Tribunal statt gegen die Verantwortlichen der Grubenkatastrophe in Fouquières-le-Lens am 16. Februar 1970, bei dem 16 Grubenarbeiter durch Grubengas getötet worden waren. Bei diesem Volkstribunal vertrat Sartre die Anklage.**

Anklagerede

Wir haben darüber zu befinden, ob die Katastrophe durch höhere Gewalt verursacht worden ist.

Wenn der Unfall nicht vermieden wurde, obwohl er vermeidbar war, liegt Tötung vor. Zwei Arten sind zu unterscheiden, fahrlässige Tötung und vorsätzliche Tötung. Wir müssen im vorliegenden Fall entscheiden, mit welchem der beiden Delikte wir es zu tun haben.

Man kann keine Entscheidung bezüglich der Katastrophe vom 4. Februar treffen, ohne vorher das allgemeine Problem des Arbeitsschutzes zu behandeln.

Die Grube ist *schlecht*, heißt es. Sobald der Arbeiter im Stollen ist, befindet er sich in Lebensgefahr, in jedem Fall droht zumindest Invalidität. Er hält das für ein *Berufsrisiko*. Und wenn es das Unglück will und er einen Finger oder eine Hand verliert, so wird er davon überzeugt sein, daß er ein Opfer höherer Gewalt geworden ist. Diese Überzeugung ist freilich nur subjektiv, individuell. Keiner kann sicher sein, daß er nicht noch in dieser Woche oder in diesem Jahr verunglückt. Es steht jedoch fest, daß es in den letzten Jahren in den Gruben des nördlichen Kohlenreviers jährlich achtzig Tote gab und daß es dieses Jahr genauso viele, wenn nicht noch mehr sein werden, denn mit dem Einsatz neuer Maschinen steigt auch die Zahl der Unfälle. Die Direktion und die Ingenieure, die über die Statistiken verfügen, sind darüber genauestens informiert. Welchen Namen hat man dieser Unfallquote gegeben? Angeblich ist es höhere Gewalt – «Die Grube fordert ihre Opfer».

Das könnte man sagen, wenn die Arbeit unter Tage eine *natürliche* Tätigkeit wäre, wenn der Mensch durch seine Natur gezwungen wäre, dort unten zu leben und zu arbeiten. Davon kann aber nicht die Rede sein. Es ist eine gesellschaftliche Tätigkeit, die innerhalb der kapitalistischen Gesellschaft und unter den dort herrschenden Verhältnissen stattfindet. Folglich handelt es sich hier nicht um unvermeidliche Verluste und Unfälle, sondern um Unfälle und Verluste, die die Profitsucht verursacht. Man kann, wenn man will, das Schlagwetter oder die Silikose höhere Gewalt nennen, aber man muß hinzufügen, daß diese höhere Gewalt nur bestimmte Menschen trifft, und zwar vermittelt durch andere Menschen, die jene ausbeuten und ihre Gesundheit oder ihr Leben der Produktivität opfern. Ohne die kapitalistische Form der Arbeit im Bergwerk gäbe es dort auch keine Silikose; ohne die neuen Maschinen – besonders die großen Schrämmaschinen, die durch das Zermahlen der Kohle viel mehr Staub produzieren – wäre die Silikose weniger bösartig und weniger häufig. Mit anderen Worten, diese Krankheit breitet sich proportional zur Steigerung der Produktion im Bergbau aus. Der Bergmann ist schlicht gesagt Opfer einer *Über-Ausbeutung.* Er wird – das versteht sich von selbst – ausgebeutet wie jeder andere Arbeiter auch. Zwar kommen Arbeitsunfälle und Berufskrankheiten auch bei allen anderen Arbeitern vor, doch wird der Bergmann überausgebeutet, weil Unfälle und Krankheiten bei seiner Arbeit schlimmer sind, ja *zunehmend schlimmer.* Die durchschnittliche Lebenserwartung ist im Bergbau geringer als in anderen Berufen. Die bürgerliche Gesellschaft beutet den Bergmann zusätzlich aus, denn sie ist nicht einmal bereit, die für die tägliche Reproduktion der Arbeitskraft notwendigen Mittel auszugeben. Sie setzt ihn dem Verschleiß durch Krankheit und Invalidität aus, seine Arbeitskraft wird mit jedem Tag geringer. Jeden Tag, wenn die Bergleute stumm und einsam in den Stollen einfahren, wissen sie, daß sie sich der höheren Gewalt ausliefern, die sie zugrunde richtet. Aber diese höhere Gewalt hat Menschengestalt: Die bürgerliche Gesellschaft diktiert ihnen ihre Arbeitsbedingungen, um auf ihre Kosten ein Maximum an Profit aus ihnen herauszupressen.

Indessen, in dieser Form bleibt das Todesurteil, das über sie verhängt worden ist, noch abstrakt. Man braucht Menschen aus Fleisch und Blut, die es vollstrecken. Die Bergleute kennen sie: die Steiger, die Ingenieure, die Ärzte, die Direktoren. Es liegt also Totschlag vor, und die «Oberen» sind sehr wohl dafür verantwortlich, denn von ihnen hängt alles ab. Bleibt noch die Frage, ob die Anklage auf fahrlässige oder vorsätzliche Tötung lauten muß. Fahrlässige Tötung läge vor, wenn sich die Verantwortlichen über die verhängnisvollen Folgen der von ihnen angeordneten Maßnahmen nicht im klaren wären. Vorsätzliche Tötung liegt vor, wenn sie über die Auswirkungen ihrer Entscheidungen informiert sind. Auf jeden Fall ist klar: Die Silikose ist eine Krankheit, die man sich unter Tage holt. Der Bergmann schluckt Kohle, seine Lungen werden langsam vom Kohlenstaub zerfressen. Nur ein Mittel kann ihn retten: ihn aus der Zeche herauszuholen und ihm eine Arbeit über Tag zu geben. Es ist Aufgabe des Arztes, das Ausmaß der Silikose festzustellen. Auf ärztlichen Antrag muß ihn dann der Chefingenieur versetzen. Wenn aber der Arzt beim Kranken kein Anzeichen von Silikose oder nur einen unbedenklichen Grad diagnostiziert, so handelt er vorsätzlich kriminell. Er weiß ganz genau, daß sich der Gesundheitszustand des Bergarbeiters bei weiterem Aufenthalt unter Tage in jedem Fall verschlimmert. Der Arzt schickt seinen Patienten wissentlich in einen langsamen Tod. Erwiesenermaßen behandeln die Bergwerksärzte die an Silikose erkrankten Bergleute nur widerwillig als Opfer echter Arbeitsunfälle. Warum? Wenn der Arbeiter nicht mehr unter Tage arbeiten kann, wenn Invalidität seine Pensionierung erforderlich macht, bezahlt der Staat einen Mann fürs Nichtstun. Ein Arzt, der die Wahrheit sagen würde, bliebe kein halbes Jahr beim Bergwerk. Dafür gibt es Beispiele. Und es kommt laufend vor, daß ein Arbeiter, bei dem der Betriebsarzt einen Silikoseschaden von 1 Prozent festgestellt hat – manchmal wird auf die Erkrankung nicht einmal hingewiesen (er hat Asthma, sonst fehlt ihm nichts) –, wieder in den Stollen geschickt wird und wenig später stirbt. Bei der Autopsie stellt sich dann heraus – besonders, wenn sie *nicht* von einem Betriebsarzt durchgeführt worden ist –, daß der Arbeiter schon hundertprozentig von Silikose befallen war. Der Werksarzt steht also bei jedem einzelnen Fall vor der Entscheidung, sich entweder den Argwohn der Betriebsleitung zuzuziehen, was auf längere Sicht dazu führt, daß sein Vertrag nicht verlängert wird, oder aber zu lügen. Bei den Ärzten, die seit langem praktizieren, die die schönsten Häuser besitzen und im Wohlstand leben, können wir sicher sein, daß sie sich schon vor langem dazu entschlossen haben, das Spiel der tödlichen Lügen mitzuspielen. Wir müssen den Schluß ziehen, daß alle Ärzte Mörder sind, die einen Silikoseschaden diagnostiziert haben, der kleiner war als der später – durch eine Autopsie oder auf anderem Wege – festgestellte tatsächliche Schaden.

Die Bergleute sehen sich einer fatalen Verschwörung aus Schweigen und Lügen gegenüber, sowie es sich um Silikose und noch mehr, wenn es sich um Arbeitsschutzmaßnahmen handelt.

Das Tribunal hat bewiesen, daß der Arbeitsschutz in den Kohlenbergwerken trügerisch ist, ein Arbeitsschutz, der Todesfälle nicht verhindert.

Es gibt zwei Arten von Sicherheitsmaßnahmen. Für Maßnahmen, die die allgemeine Sicherheit betreffen, hat der Staat zu sorgen. Die Zahl der Unfälle und die Häufigkeit der Silikose-Erkrankungen könnten erheblich reduziert werden, wenn man die Zechen besser ausrüsten würde. Dazu gehört zunächst einmal Wasser zur Absorption des Kohlenstaubes und dann zur Berieselung des Stollens während der Arbeit, außerdem funktionierende Ventilatoren, Grubengas-Fernanzeiger, breite Stollen, in denen man sich auch mit einer Last bewegen kann, ohne sich die Hand aufzureißen, Reservestollen, auf die die Schicht beim Ausfall der Ventilatoren ausweichen kann. Alle diese Einrichtungen sind nicht vorhanden. Am 4. Februar gab es in Fouquières in einem unbelüfteten und schlagwetterverdächtigen Stollen – wo der gerade erneuerte Ventilator noch nicht wieder in Betrieb war – nicht einen einzigen Grubengas-Fernanzeiger. Warum nicht? Das wäre zu kostspielig. Zusätzliche Materialinvestition, unproduktives Material, das in erster Linie ja nur das Leben der Bergleute schützen würde. Auch Reservestollen sind zu kostspielig. Es gab keinen einzigen in Fouquières. Nur in ganz wenigen Gruben hat die Direktion solche Stollen anlegen lassen. Wasser gibt es kaum. Die große Schrämmaschine hat zwar Berieselungsöffnungen, sie sind jedoch sehr rasch verstopft, und man nimmt sich nicht die Zeit, sie zu säubern; die Düsen gehen kaputt und werden nicht repariert. Die Stollen müßten geräumt werden, solange dort die Schrämmaschine in Betrieb ist. Doch das würde zu lange dauern, zu lange Wege müßten zurückgelegt werden, die Produktion würde sinken. Also arbeitet man inmitten von Staubwolken. Es gibt sogar einen Preis für Betriebssicherheit. Auch das ist nichts als ein feierlicher Betrug, der nur neuen Betrug nach sich zieht. Wenn es im Lauf eines Jahres in einer Grube weniger Unfälle gab als in einer anderen, so ist das reiner Zufall, die Unfallursachen sind überall dieselben. Doch damit nicht genug. Man verteilt nicht nur nach einem willkürlichen Prinzip Prämien und tut so, als sei die niedrigste Unfallquote das Ergebnis kollektiver Wachsamkeit, sondern diese Prämien sind auch noch manipuliert. Tatsache ist, daß in einer Grube, die gute Aussichten hat, den Preis zu gewinnen, Unfälle mit Hilfe der Ärzte verheimlicht und als Krankheit deklariert werden. Auch hier handelt der Arzt, der sich auf solche Praktiken einläßt, kriminell. Häufig bekommen die Bergleute von ihnen zu hören: «Du bist nicht verletzt. Wenn du dich ärztlich behandeln lassen willst, dann melde dich krank oder aber hol dir deine Papiere.» Ganz offensichtlich steckt hier ein System dahinter. Die Grube will die Prämie gewinnen, deshalb muß der Arbeiter nach einigen Tagen die Arbeit wiederaufnehmen, auch wenn seine Verletzung noch nicht ausgeheilt ist. «Du wirst doch deine Kameraden nicht um die Prämie bringen wollen!» Wenn es ihm dann später gar zu schlecht geht, «macht er krank» und bekommt dann nur die fünfzehn Franc Krankengeld pro Tag (Sonntage ausgenommen). Damit ist die Sache gelaufen. Wie man sieht, ist alles Betrug. Der Profit vergiftet alles. Rentabilität ist das oberste Gesetz. Sie läßt alles zu unverbindlichem Gerede und zu leeren Gesten werden. Die Bergleute sind sich darüber völlig im klaren, und man glaube nur nicht, die Ingenieure und die Direktion wüßten nicht Bescheid! Sie alle wissen Bescheid. Man hält große Reden, man betrügt, man tötet. Es geht ihnen nicht darum, optimale Sicherheitsvorkehrungen zu treffen, sie versuchen nicht einmal, den Bergarbeitern einzureden, für ihre Sicherheit werde alles getan, sondern allein darum, sich von ihnen – ganz gleich, was sie denken – bestätigen zu lassen, daß ihre Sicherheit gewährleistet sei. Nur dazu dient der ganze Zauber mit dem Sicherheitspreis.

Neben den allgemeinen Sicherheitsmaßnahmen gibt es noch die spezielleren Vorkehrungen, für die der Bergmann selbst zu sorgen hat. Dieses Prinzip könnte auf den ersten Blick gerechtfertigt erscheinen. Ab einem bestimmten Moment ist der Arbeiter selbst für seinen Schutz verantwortlich. Der Dachdecker muß wissen, wohin er den Fuß setzt. Wie sieht es aber nun im Bergwerk aus?

Der Öffentlichkeit wird weisgemacht, der Bergarbeiter verdiene viel. Das ist eine schamlose Lüge. Ein Arbeiter, der zwanzig oder dreißig Jahre unter Tage gearbeitet hat, bekommt ungefähr tausend, tausendzweihundert Franc im Monat. Das reicht nicht zum Leben. Viele Bergarbeiterfrauen arbeiten in der Textilindustrie, aber auch damit reicht es noch nicht. Deshalb ist der Bergmann auf die Leistungsprämie angewiesen, für die er um so mehr arbeiten muß, je mehr die Produktivität gesteigert wird. Dabei verlangt man von ihm nicht einfach – wie vom Dachdecker –, daß er auf seine Bewegungen achtet. Er soll nicht nur auf sich selbst aufpassen, sondern auch noch seinen Arbeitsplatz absichern. Und dafür soll er dann auch noch selbst aufkommen. Wenn er einen Stollen gräbt, muß er zugleich auch für den Grubenausbau sorgen. Für alle Unfälle macht man ihn verantwortlich. «Du hältst dich nicht an die Vorschriften, du bist unvorsichtig!» Die früher von den Bergbaugesellschaften erlassenen und heute vom staatlichen Unternehmer übernommenen Vorschriften wären durchaus geeignet, zahlreiche Unfälle zu verhindern. Wenn der Bergmann durch den Grubenausbau den Stollen wirklich absichert, verringert sich das Risiko erheblich. Und wenn der Sprengmeister vor der Sprengung die 120 oder 150 Meter in den Stollen zurücksteigen würde, würde er nicht durch abgesprengte Kohlenstücke gefährdet werden. Aber beide würden, da dadurch ihre Förderleistung geringer wäre, weniger verdienen. Mit anderen Worten, der Bergmann steht vor der schrecklichen Alternative: Förderleistung oder Sicherheit. Und wenn er sich für das zweite entscheidet, geht es ihm so, wie es einer von ihnen ausgedrückt hat: «Wenn dir deine Sicherheit lieber ist, dann haben deine Kinder nicht oft Fleisch auf dem Teller.» Was machen sie also? Sie schuften, sie treiben den Stollen weiter vor, ohne ihn gegen Einsturz zu sichern. Oder es kommt vor – und das ist dann fraglos die Schuld des staatlichen Unternehmers –, daß ihnen das Material ausgeht, nachdem sie zehn Meter Strecke mit Grubenholz ausgebaut haben. Dann bauen sie es hinten ab, um es weiter vorn wieder zu verwenden. Sie machen weiter, so gut es eben geht. Manchmal wird die Stollendecke nur noch durch die Rohre gehalten. Wenn ein Unfall passiert, sind sie selbst schuld. Das heißt im Grunde: Das Unternehmen spart bei den Löhnen ein, was den Tod der Bergleute verhindern könnte. Die Zeche gehört der kapitalistischen Gesellschaft, und für alle Unfälle, die ihren Arbeitern zustoßen, und für alle Berufskrankheiten, die sie sich zuziehen können, ist sie allein verantwortlich. Den Schutz des Arbeiters vor Schäden, für die sie verantwortlich ist, läßt sie jedoch vom Arbeiter selbst bezahlen. Und sie weiß genau, daß der Arbeiter – gerade weil er so schlecht bezahlt wird –, wenn er vor der Wahl steht, entweder den Stollen auszubauen und sich dadurch zu schützen oder ihn weiter vorzutreiben, sich für das zweite entschließt.

Wie gut sie es weiß, wird daran deutlich, daß sie ihn dazu ermuntert. Das Geschrei, die Schikanen der Steiger setzen den Arbeiter unter Druck. Er soll schneller arbeiten, er tut es und opfert dabei der Förderleistung seine Sicherheit. Anders gesagt, die Taktik besteht darin, daß höheren Orts Sicherheitsvorschriften erlassen werden, man aber gleichzeitig weiß und es auch wünscht, daß der Arbeiter sich nur unzureichend schützt. Denn würde er sich ausreichend schützen, so ginge das zwangsläufig auf Kosten der Förderleistung. Er läßt sich darauf ein – schließlich hängt ja sein Lohn davon ab – und vernachlässigt seine Sicherheit. Das wird gutgeheißen, man lobt ihn dafür, doch nur insgeheim. Und wenn dann ein Unfall passiert, holt man die Sicherheitsbestimmungen aus der Schublade. Der Arbeiter hat das Unglück schuldhaft verursacht, folglich muß er bestraft werden. Ein abgekartetes Spiel: Die wahren Schuldigen – die genau wissen, daß sie verantwortlich sind – sitzen in der Direktion. Sie stellen Arbeiter ein, tun so, als zahlten sie ihnen einen anständigen Lohn, sagen ihnen aber nicht, daß sie mit diesem Lohn auch ihre Sicherheit bezahlen müssen. An dieser Stelle muß der erste Schluß gezogen werden: Wer sich auf dieses System einläßt, wird notwendig Mörder oder Opfer. Die Arbeiter sind die Opfer; die Mörder sind die Steiger (die früher aus der Mitte der Arbeiter ausgewählt wurden, heute von speziellen Schulen ausgesiebt und ausgebildet werden) und mehr noch die Ingenieure, die Ärzte und die Direktoren. Das wissen beide Seiten, und beide sind darum bemüht, sich etwas vorzumachen. Der Arbeiter will sich nicht als Opfer begreifen. Doch das gelingt ihm nicht. Im Grunde genommen kennt er seine Lage. Seine Unterdrücker versuchen möglicherweise, ihre schmutzigen Geschäfte vor sich selbst zu beschönigen – vergebliche Mühe. Die Kohlenbergwerke brauchen, wenn sie die Förderung steigern wollen, eine wachsende Zahl von Unfällen und Silikoseopfern. Das läßt sich unmöglich leugnen. Deshalb handelt es sich hier um vorsätzliche Tötung. Wenn ein eifersüchtiger Ehemann den Mord am mutmaßlichen Liebhaber seiner Frau begeht, so ist ihm dessen Identität bekannt. In dem Fall, über den wir zu befinden haben, werden pro Jahr achtzig Tote eingeplant. Die Täter wissen nichts von ihren Opfern, kennen nicht einmal ihre Identität, sie wissen nur, daß sie erforderlich sind und daß es im nächsten Jahr, wenn neue Maschinen eingesetzt werden, noch mehr sein müssen. Sie sind deshalb auch nichts anderes als Mörder.

*Die Direktion hat in Fouquières getötet.*

Es existiert ein offizieller Bericht über das Unglück von Fouquières. Darin wird nach den Gründen gesucht, doch ohne Erfolg. Man kommt allenfalls zu dem Schluß: «Beim gegenwärtigen Stand der Untersuchungen muß angenommen werden, daß die Grubengasexplosion vom 4. Februar 1970 dadurch verursacht wurde, daß die Verankerung eines Einschieners unter der Einwirkung des Zugs einer Kabelwinde auf einen blockierten Förderwagen losgerissen wurde.» Ein feiner Text! Alles

Wichtige fehlt! Halten wir zunächst fest, daß der Ventilator mitten in der Woche während der Frühschicht ausgewechselt wurde. Das war der erste Fehler. Verantwortlich dafür sind die Ingenieure und die Direktion. Es kommt hinzu, daß dies in einem Schacht gemacht wurde, in dem wiederholt Werte von mehr als drei Prozent Grubengas gemessen worden waren, und zwar genau in diesem Abschnitt; weiter, daß der Ausfall des Ventilators ein gefährliches Ansteigen der Konzentration von Grubengas bewirkte und obendrein kein einziger Grubengas-Fernanzeiger vorhanden war. Man kann sagen, daß genau in dem Moment, in dem der neue 20-PS-Ventilator zwar installiert, aber noch nicht wieder in Betrieb war, eine Schicht in einen gefährlichen, unbelüfteten Grubenabschnitt eingefahren wurde, in dem sich die Konzentration von Grubengas jederzeit erhöhen konnte. Die Bergleute kamen also an, und einige nahmen die Arbeit auf, da kein Ausweichstollen vorhanden war, an dem sie hätten weiterarbeiten können. Niemand weiß, wie hoch die Konzentration von Grubengas ist, da ein Grubengas-Fernanzeiger fehlt. Die Arbeiter befinden sich in höchster Lebensgefahr. Und dann geht alles sehr schnell: Jemand versucht, die Arretierung eines Förderwagens zu lösen. Woher kommt dieser Jemand? Und wer hat die Erlaubnis dazu gegeben? Die Verankerung des Einschieners löst sich. Dadurch wird das Gleis überhitzt. Das Grubengas, das sich angesammelt hat, explodiert: Sechzehn Tote und elf Verletzte bleiben zurück. Es gibt keinen Zweifel: Verantwortlich ist in erster Linie der staatliche Unternehmer. Aber der ist weit weg, doch Menschen aus Fleisch und Blut arbeiten und töten für ihn. Diese müssen benannt werden: Es sind die Ingenieure, die beschlossen haben, den Ventilator an einem Wochentag auszuwechseln, und zwar in einem grubengashaltigen Abschnitt, in dem gearbeitet wurde. Und der Direktor ist für das vollständige Fehlen allgemeiner Sicherheitseinrichtungen verantwortlich – weder gab es Grubengas-Fernanzeiger noch Reservestollen. Fahrlässige Tötung? Nein, vorsätzliche Tötung. Diese Toten waren zur Steigerung der Produktion notwendig. Die Katastrophe mußte nicht unbedingt an diesem Tag eintreten, es hätte ebensogut auch am nächsten oder am vorhergehenden Tag dazu kommen können. Es mußte auch nicht gerade in diesem einen Stollen passieren, die Sicherheitsvorrichtungen in den Nachbarstollen sind genauso unzureichend. Überall hätte sich der «Unfall» ereignen können, es brauchte dazu nur etwas Grubengas. Doch diese Toten waren notwendig, sie waren einkalkuliert, denn sie sind Teil jener achtzig Toten, die alljährlich (mit den Verletzten, den Invaliden und den Silikosekranken) für den geplanten Sieg des Ertrags über die Sicherheit stehen. Ihr Tod war für die Betriebsleitung von vornherein beschlossene Sache, denn für sie sind die Arbeiter nichts anderes als Maschinen, deren man sich bedient, bis sie verbraucht sind.

Ich stelle also folgende Schlußfolgerungen zur Diskussion: Der staatliche Unternehmer trägt die Schuld am Mord vom 6. Februar 1970.

Die Direktion und die für Stollen VI verantwortlichen Ingenieure sind ihre Erfüllungsgehilfen. Folglich sind sie gleichermaßen der vorsätzlichen Tötung schuldig. Vorsätzlich entscheiden sie sich für den Profit auf Kosten der Sicherheit, das heißt, sie geben der Produktion von Sachen gegenüber Menschenleben den Vorrang.

Es ist nicht gesagt, daß die Bergleute, die beschuldigt werden, das «Büro für Produktionsumstellung im Bergbau» am Dienstag, dem 17. Februar 1970, in Brand gesteckt zu haben, wirklich die Brandstifter sind. Der Beweis ist bis jetzt noch nicht erbracht worden. In jedem Fall haben die wirklichen Brandstifter lediglich den Volkszorn zum Ausdruck gebracht. Sie haben die Entrüstung von Zehntausenden von Arbeitern demonstriert, die sich zu einem plötzlichen Tod oder einem langsamen Sterben an Silikose verurteilt sehen, isoliert von allen anderen durch ihre gegenwärtigen und künftigen Mörder, die Männer in der Betriebsleitung, die Ingenieure und die Ärzte. Man muß die unverzügliche Freilassung dieser Brandstifter fordern: Wenn das Sondergericht sie schuldig spricht, dann verurteilt es damit die Gesamtheit der Bergleute des nördlichen Kohlenreviers, die schon seit langem wissen, was sie von den Leuten zu halten haben, die diese Situation aufrechterhalten. Diese Bergarbeiter haben erst neulich nach einer ähnlichen Katastrophe Minister Ortoli, der an den Trauerfeierlichkeiten teilnahm, einen «Verbrecher» und «Mörder» genannt.

Schlussantrag des Volkstribunals:

*1. Der staatliche Unternehmer wird des Mordes vom 4. Februar 1970 für schuldig befunden.*

*2. Die Direktion und die für Stollen VI verantwortlichen Ingenieure sind gleichermaßen der vorsätzlichen Tötung schuldig, weil sie sich vorsätzlich für den Profit auf Kosten der Sicherheit entschieden haben.*

*3. Wir fordern daher die unverzügliche Freilassung der Angeklagten von Hénin-Liétard.*

*Entsprechend können die Ingenieure, die Ärzte und die Direktion, wie das Volkstribunal eindeutig nachgewiesen hat, nicht länger Unkenntnis vorschützen in bezug auf Verantwortlichkeit und Vorsatz derjenigen, die das Spiel des staatlichen Unternehmers mitmachen, gleich auf welcher Stufe der Hierarchie sie stehen.*

*UNKENNTNIS DES GESETZES DES VOLKES SCHÜTZT NICHT VOR STRAFE.*

*4. Dieser Urteilsspruch wird im gesamten Kohlebecken verbreitet. Er wird am 14. Dezember vor der* «Cour de Sûreté» *verlesen werden.*

*Secours rouge.*

*Am 17. Dezember 1970 wurden von der «Cour de Sûreté» alle anwesenden Angeklagten freigesprochen. Bernard Liscia wurde in Abwesenheit zu fünf Jahren Haft verurteilt.*

## Liste der Abkürzungen

| | |
|---|---|
| CFTC | Confédération Française des Travailleurs Chrétiens: Französischer Bund der christlichen Arbeiter (christliche Gewerkschaft) |
| CGT | Confédération Générale du Travail: Allgemeiner Bund der Arbeit (der KPF nahestehende Gewerkschaft) |
| CNPF | Conseil National de Patronat Français: Arbeitgeberverband |
| CRS | Compagnie Républicaine de Sûreté: Republikanische Sicherheitskompanie (Bereitschaftspolizei) |
| FER | Fédération des Étudiants Révolutionnaires: Bund der Revolutionären Studenten (Trotzkisten) |
| FLN | Front de Libération Nationale: Nationale Befreiungsfront (Algerien) |
| FO | Force Ouvrière: Arbeitermacht (sozialdemokratische Gewerkschaft) |
| MRP | Mouvement Républicain Populaire: Republikanische Volksbewegung (bürgerliche Partei) |
| ORTF | Office de Radiodiffusion et Télévision Françaises: Französische Rundfunk- und Fernsehgesellschaft |
| PC | Parti Communiste: Kommunistische Partei |
| PSU | Parti Socialiste Unifié: Vereinigte Sozialistische Partei |
| SFIO | Section Française de l'Internationale Ouvrière: Französische Sektion der Arbeiterinternationale (Sozialdemokraten) |
| UGTSF | Union Générale des Travailleurs Sénegalais en France: Ausländerorganisation |
| UNEF | Union Nationale des Etudiants Français: Nationaler Verband der Französischen Studenten (linke Studentengewerkschaft) |
| UNR | Union pour la Nouvelle République: Union für die Neue Republik (gaullistische Partei) |

# JEAN-PAUL SARTRE

*Als Buchausgaben liegen zur Zeit vor:*

## Die Wörter

*Sonderausgabe · 208 Seiten · Geb.*

## Gesammelte Erzählungen

*Sonderausgabe · 288 Seiten · Geb.*

## Kritik der dialektischen Vernunft Band I

*Theorie der gesellschaftlichen Praxis*
*880 Seiten · Geb.*

## Das Sein und das Nichts

*Versuch einer phänomenologischen Ontologie*
*Erste vollständige deutsche Ausgabe · 788 Seiten · Geb.*

## Das Imaginäre

*Phänomenologische Psychologie der Einbildungskraft. Mit einem Beitrag «Sartre über Sartre» · 304 Seiten · Geb.*

## Gesammelte Dramen

*Sonderausgabe*
*Die Fliegen · Bei geschlossenen Türen · Tote ohne Begräbnis · Die ehrbare Dirne · Die schmutzigen Hände · Der Teufel und der liebe Gott · Kean · Nekrassow · Die Eingeschlossenen · Die Troerinnen des Euripides*
*768 Seiten · Geb.*

*Als Rowohlt Paperback erschienen:*

## Kolonialismus und Neokolonialismus

*Sieben Essays · Rowohlt Paperback 68* · 128 Seiten*

## Situationen

*Essays · Erweiterte Neuausgabe · Rowohlt Paperback 46* · 300 Seiten*

** Eine Veröffentlichung des Rowohlt Taschenbuch Verlages*

ROWOHLT

124–125/22

# JEAN-PAUL SARTRE

*Als rororo Taschenbuchausgaben erschienen:*

Die Mauer
*Erzählungen · rororo Band 1569*

Die Wörter
*Mit einer Nachbemerkung von Hans Mayer · rororo Band 1000*

Der Ekel
*Roman · rororo Band 581*

Zeit der Reife
*Roman · rororo Band 454*

Der Aufschub
*Roman · rororo Band 503*

Der Pfahl im Fleische
*Roman · rororo Band 526*

Das Spiel ist aus
[Les Jeux sont faits] · *rororo Band 59*

Die Fliegen / Die schmutzigen Hände
*Zwei Dramen · rororo theater Band 418*

Bei geschlossenen Türen / Tote ohne Begräbnis / Die ehrbare Dirne
*Drei Dramen · rororo theater Band 788*

Die Eingeschlossenen
[Les Séquestrés d'Altona] · *Schauspiel · rororo theater Band 551*

Porträts und Perspektiven
*Essays · rororo Band 1443*

Bewußtsein und Selbsterkenntnis
*Ein Essay · rororo Band 1649*

Was ist Literatur?
*Essays · rowohlts deutsche enzyklopädie Band 65*

Marxismus und Existentialismus
*Versuch einer Methodik · rowohlts deutsche enzyklopädie Band 196*

Jean-Paul Sartre
*in Selbstzeugnissen und 70 Bilddokumenten dargestellt von Walter Biemel · rowohlts monographien Band 87*

ROWOHLT TASCHENBUCH VERLAG

# rororo aktuell

Herausgegeben von Freimut Duve

**WOLFGANG ZÖLLNER** Obdachlos durch Wohnungsnot. Ein Beitrag zur Differenzierung der Obdachlosigkeit [1663]

## Arbeitskämpfe

**DETLEV ALBERS / WERNER GOLDSCHMIDT / PAUL OEHLKE** Klassenkämpfe in Westeuropa. England, Frankreich, Italien [1502]

**FRANZ FABIAN (Hg.)** Arbeiter übernehmen ihren Betrieb oder Der Erfolg des Modells Süßmuth [1605]

**PIERRE HOFFMANN / ALBERT LANGWIELER** Noch sind wir da! Arbeiter im multinationalen Konzern [1821]

**BODO MORAWE** Aktiver Streik in Frankreich oder Klassenkampf bei LIP [1764]

## Industriekritik Kapitalismuskritik

**EWALD GAUL** Atomenergie oder Ein Weg aus der Krise? Von der lebensbedrohenden Leichtfertigkeit der Energieplaner. Wissenschaftliche Warnungen gegen die «friedliche» Nutzung der Kernenergie [1773]

**BO GUNNARSON** Japans ökologisches Harakiri oder Das tödliche Ende des Wachstums. Eine Warnung an die überindustrialisierten Staaten [1712]

**IVAN ILLICH** Die sogenannte Energiekrise oder Die Lähmung der Gesellschaft. Das sozial kritische Quantum der Energie [1763]

**MANFRED KRÜPER (Hg.)** Investitionskontrolle gegen die Konzerne? Mit Beiträgen von Charles Levinson, Joachim Steffen u. a. [1767]

**CHARLES LEVINSON** Valium zum Beispiel. Die multinationalen Konzerne der pharmazeutischen Industrie [1776]

**FRITZ VILMAR (Hg.)** Menschenwürde im Betrieb. Modelle der Humanisierung und Demokratisierung der industriellen Arbeitswelt [1604]

## Bildung

**HOLGER ASCHE / JÜRGEN LÜTHJE / ERICH SCHOTT** Der numerus clausus oder Wer darf studieren? [1659]

**BERLINER AUTORENGRUPPE (Hg.)** Kinderläden. – Revolution der Erziehung oder Erziehung zur Revolution? [1340]

**REINHARD CRUSIUS / WOLFGANG LEMPERT / MANFRED WILKE (Hg.)** Berufsausbildung – Reformpolitik in der Sackgasse? Alternativprogramm für eine Strukturreform [1768]

**HILDEGARD HAMM-BRÜCHER** Aufbruch ins Jahr 2000 oder Erziehung im technischen Zeitalter [983]

**LUC JOCHIMSEN** Hinterhöfe der Nation – Die deutsche Grundschulmisere [1505]

**REINHARD KÜHNL (Hg.)** Geschichte und Ideologie. Kritische Analyse der bundesdeutschen Geschichtsbücher [1656]

**HOLGER H. LÜHRIG (Hg.)** Wirtschaftsriese – Bildungszwerg. Der Diskussionshintergrund zum Bildungsgesamtplan 1973: Analysen oder OECD-Reports [1660]

**EKKEHARD NUISSL / ROLF RENDTORFF / WOLFF-DIETRICH WEBER** Scheitert die Hochschulreform: Heidelberg zum Exempel [1706]

## Europa

**MAUGRI CIAGAR / HANNELORE KOOB** Ferienland Spanien? Ein Bild der Diktatur nach Briefen politischer Gefangener [1770]

**BERNADETTE DEVLIN** Irland: Religionskrieg oder Klassenkampf? [1282]

**FRIEDEN IN EUROPA?** Zur Koexistenz von Rüstung und Entspannung. Von: Carola Bielfeldt u. a. [1686]

# rororo aktuell

**Herausgegeben von Freimut Duve**

**JOHAN GALTUNG** Kapitalistische Großmacht Europa oder Die Gemeinschaft der Konzerne? [1651]

**SICCO MANSHOLT** Die Krise. Europa und die Grenzen des Wachstums [1823]

**WALTER MENNINGEN (Hg.)** Ungleichheit im Wohlfahrtsstaat. Der Alva-Myrdal-Report der schwedischen Sozialdemokraten [1457]

**ANASTASSIOS MINIS** Die Folter geht weiter. 111 Tage Einzelhaft bei der Militärpolizei des Athener Regimes [1714]

**WALTER MÖLLER / FRITZ VILMAR** Sozialistische Friedenspolitik für Europa [1551]

**MARIO SOARES** Portugal – Rechtsdiktatur zwischen Europa und Kolonialismus [1655]

## Dritte Welt

**ULRICH ALBRECHT / BIRGIT A. SOMMER** Deutsche Waffen für die Dritte Welt [1535]

**MARCIO M. ALVES** Brasilien – Rechtsdiktatur zwischen Armut und Revolution [1549]

**DIE ARMUT DES VOLKES.** Verelendung in den unterentwickelten Ländern. Auszüge aus Dokumenten der Vereinten Nationen. Zusammengestellt und eingeleitet von Folker Fröbel, Jürgen Heinrichs, Otto Kreye [1772]

**JAN DELEYNE** Die chinesische Wirtschaftsrevolution. Eine Analyse der sozialistischen Volkswirtschaft Pekings [1550]

**FRANTZ FANON** Die Verdammten dieser Erde. Vorwort v. J.-P. Sartre [1209]

**ERNESTO CHE GUEVARA** Brandstiftung oder Neuer Friede? Reden und Aufsätze. Hg. v. Sven G. Papcke [1154]

**Konterrevolution in Chile.** Analysen und Dokumente zum Terror. Hg. vom Komitee «Solidarität mit Chile» [1717]

**MAO TSE-TUNG** Theorie des Guerillakrieges oder Strategie der Dritten Welt / Einleitender Essay von Sebastian Haffner [886]

**ERIKA RUNGE** Südafrika – Rassendiktatur zwischen Elend und Widerstand. Protokolle und Dokumente zur Apartheid. Mit einem Beitrag von Christina Oberst-Hundt [1765]

**Welternährungskrise oder ist eine Hungerkatastrophe unausweichlich?** Hg. von der Vereinigung Deutscher Wissenschaftler [1147]

## Militärpolitik und Abrüstung

**ULRICH ALBRECHT / BIRGIT A. SOMMER** Deutsche Waffen für die Dritte Welt [1535]

**A. BOSERUP / A. MACK** Krieg ohne Waffen? Studie über Möglichkeiten und Erfolge sozialer Verteidigung. Kapp-Putsch 1920 / Ruhrkampf 1923 / Algerien 1961 / ČSSR 1968 [1710]

**FRIEDEN IN EUROPA?** Zur Koexistenz von Rüstung und Entspannung. Von Carola Bielfeldt u. a. [1686]

**EGBERT JAHN** Kommunismus – Und was dann? Zur Bürokratisierung und Militarisierung des Systems der Nationalstaaten [1653]

**STUDIENGRUPPE MILITÄRPOLITIK** Ein Anti-Weißbuch. Materialien für eine alternative Militärpolitik [1777]

## USA-Kritik

**JAMES BALDWIN** Hundert Jahre Freiheit ohne Gleichberechtigung oder The Fire Next Time [634]

**RICHARD J. BARNET** Der amerikanische Rüstungswahn oder Die Ökonomie des Todes. Mit einem Beitrag von Claus Grossner [1450]